D1734461

Wilhelm Pfaffel/Michael Lobe

Praxis des lateinischen Sprachunterrichts

Tipps für einen vitalen
Lateinunterricht

C.C. Buchner

Studienbücher Latein
Praxis des altsprachlichen Unterrichts

Herausgegeben von
Stefan Kipf, Peter Kuhlmann und Markus Schauer

1. Auflage, 1. Druck 2016
Alle Drucke dieser Auflage sind, weil untereinander unverändert, nebeneinander benutzbar.

Dieses Werk folgt der reformierten Rechtschreibung und Zeichensetzung. Ausnahmen bilden Texte, bei denen künstlerische, philologische oder lizenzrechtliche Gründe einer Änderung entgegenstehen.

© 2016 C.C. Buchner Verlag, Bamberg
Das Werk und seine Teile sind urheberrechtlich geschützt. Jede Nutzung in anderen als den gesetzlich zugelassenen Fällen bedarf der vorherigen schriftlichen Einwilligung des Verlags. Das gilt insbesondere auch für Vervielfältigungen, Übersetzungen und Mikroverfilmungen. Hinweis zu § 52a UrhG: Weder das Werk noch seine Teile dürfen ohne eine solche Einwilligung eingescannt und in ein Netzwerk eingestellt werden. Dies gilt auch für Intranets von Schulen und sonstigen Bildungseinrichtungen.

Redaktion: Jutta Schweigert
Layout und Satz: CMS – Cross Media Solutions GmbH, Würzburg
Druck und Bindung: Friedrich Pustet GmbH & Co. KG, Regensburg

www.ccbuchner.de

ISBN 978-3-7661-8006-3

Inhalt

Vorwort

Ein zentrales Kernstück des Lateinunterrichts ist der Sprachunterricht; hier werden die Grundlagen sowohl für Aspekte der Sprachbildung als auch für die Lektüre der Klassiker gelegt. Die Schülerinnen und Schüler[1] lernen „ihr" Latein nicht nur durch den Wortschatzerwerb, sondern nicht zuletzt im Rahmen des Grammatikunterrichts der Lehrbuchphase, der sie zugleich in die Kultur, Geschichte und Bildungswelt der Antike einführen soll.

Wir wollen mit diesem Praxisband keinen abstrakten Überbau liefern, sondern – abgeleitet von theoretischen Erwägungen – konkrete Beispiele und Anregungen geben, wie sich erfolgreicher Sprach- und dabei v. a. Grammatikunterricht gestalten lässt. Keinesfalls erhebt das Bändchen Anspruch auf eine wie immer geartete Normativität.

In die Darstellung eingeflossen sind jahrzehntelange eigene unterrichtliche Praxis in den alten Sprachen ebenso wie die Beobachtung und Kritik einer großen Zahl von Unterrichtsstunden bei Hunderten von Lehrern, davon einiger auch außerhalb Deutschlands (Italien, Tschechien, Griechenland), dazu die Erfahrung und Lehre als aktive Seminarlehrer, als universitäre Fachdidaktiker für Latein, als Lehrbuchautoren und zusätzlich im Falle Wilhelm Pfaffels als langjähriger Seminarvorstand mit Übersicht über alle gymnasialen Fächer. Nicht zuletzt sind auch die Erkenntnisse der „Hattie-Studie" berücksichtigt.

Vieles in diesem Praxisband ist bis in den konkreten Unterrichtsablauf, ja bis zu den einzelnen Aufgabenstellungen hin entwickelt. Als Novum ist ein Abriss zum Unterrichtsgespräch im Lateinunterricht aufgenommen, weil wir der Ansicht sind, dass der lebendige Dialog zwischen Lehrkraft, Schülern und dem Lateinischen wesentlich zum Gelingen des Unterrichtsgeschehens beiträgt.

Wir hoffen, dass wir mit diesen aus der Praxis heraus verfassten Handreichungen nützliche Impulse für einen so lebendigen wie motivierenden Lateinunterricht geben können.

Regensburg/Bamberg, im November 2015
Wilhelm Pfaffel

Michael Lobe

---

[1] Um den Lesefluss zu erleichtern, wird in den folgenden Texten das generische Maskulinum „Schüler" usw. verwendet.

1 Grundlagen

1.1 Fachleistungen und Motivationsgehalt des lateinischen Sprachunterrichts

Der Lateinunterricht legt Kompetenzen aus verschiedenen Dimensionen an, die einander z. T. gegenseitig bedingen und ergänzen (nach: SCHEIBMAYR 2013: 15; HEY 2008):

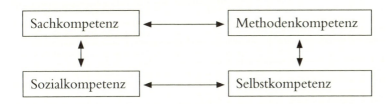

Zur „Sachkompetenz" gehören im Wesentlichen die Sprachkompetenz (s. u.) und die Fähigkeit, sich kulturelles Wissen anzueignen und flexibel darüber zu verfügen; die Sozialkompetenz äußert sich v. a. in der Zusammenarbeit mit anderen Schülern (in Partner-, Gruppen- und Projektarbeit, aber auch in der Aufnahme der Lösungen anderer Schüler), die Methodenkompetenz zeigt sich v. a. im Üben und Umgang mit Medien, die Selbstkompetenz manifestiert sich bzw. wird geschult v. a. im Prozess des Analysierens, Übersetzens sowie selbstständigen Lernens und Arbeitens.

Der pädagogische Begriff der „Kompetenzen" ist freilich nicht zu verwechseln mit der „Sprachkompetenz", die spätestens durch die Linguistik des 20. Jahrhunderts ein Standardbegriff geworden ist: Mit dieser ist die aktive bzw. passive Beherrschung einer Sprache und das Wissen über die Sprache gemeint; zur Kompetenzorientierung im Lateinunterricht vgl. KUHLMANN 2015.

1.1.1. Sprachkompetenz

Der lateinische Sprachunterricht ist eine zentrale Grundlage des Lateinunterrichts in der Spracherwerbsphase. Seine Dauer bemisst sich – je nach Maßgabe der verschiedenen Lehrpläne der Bundesländer – auf zweieinhalb bis vier Jahre; die Stundenzahlen pro Jahr variieren und unterscheiden sich, je nachdem, ob Latein als erste, zweite oder dritte Fremdsprache unterrichtet wird. Unabhängig davon gleichen die Fachleistungen für den lateinischen Sprachunterricht einander im Großen und Ganzen:

Kompetenzen im Lateinunterricht

Lateinische Sprachkompetenz: Texte verstehen, Fremd- und Lehnwörter ableiten, romanische Sprachen leichter lernen

Zum einen soll Sprachkompetenz für das Lateinische per se erworben werden zum Verstehen lateinischer Texte (im Lehrbuch und später in der Lektürephase) und für das Ableiten und Verstehen von Fremd- und Lehnwörtern in europäischen Sprachen, die vom Lateinischen über die Jahrhunderte europäischer Bildungstradition hinweg immer wieder stark beeinflusst wurden. Zum anderen aber soll durch den Lateinunterricht auch die Basis der „Mutter Latein" gelegt werden, auf der die romanischen Tochtersprachen fußen; durch die Kenntnis der historischen Basis Latein lassen sich diese mit einem stark begrenzten Inventar lautlicher, morphosyntaktischer und lexikalischer Regeln ökonomischer erlernen (vgl. WACHTER 1998).

1.1.2 Sprachreflexion

Der Lateinunterricht stellt zu nicht geringen Teilen einen konzentrierten Grammatikunterricht dar: Lernende erwerben die metasprachliche Begrifflichkeit und Analysetechnik, die für die jeweilige Mutter- oder Zielsprache Deutsch und ebenso für andere Sprachen der Welt grundlegend sind: z.B. die Begriffe – d.h. die Termini und deren semantische Konzepte – für Kategorien wie Satzglieder (Subjekt, Prädikat, Objekt, Adverbiale) und Satzgliedteile (das Attribut), Wortarten (Substantiv, Adjektiv usw.), Kongruenz und morphosyntaktische Konstruktionen (Partizipial- und Gerundialkonstruktionen) sowie die Fähigkeit, syntaktische Konstruktionen auch in anderen Sprachen zu analysieren und zu erfassen.

Lateinunterricht vermittelt rezeptive Sprachkompetenz.

Der Lateinunterricht zielt auf eine weitgehend rezeptive Kompetenz einer historischen Sprache (KUHLMANN 2014: 8–10); auf aktiven Gebrauch eines mündlich gesprochenen oder vom Schüler aktiv formulierten Lateins, wie es noch in der Zeit des Humanismus üblich war, wird kaum mehr Wert gelegt (zum *Latine loqui* s. Kap. 8.), in etlichen Bundesländern ist die aktive Sprachbeherrschung – jedenfalls als Gegenstand der Leistungsbewertung – nicht mehr vorgesehen.

Die Systemhaftigkeit von Grammatik erkennen

Großen Raum nimmt hingegen das Beherrschen des Regelsystems der Sprache ein, das – wie WILHELM VON HUMBOLDT es 1836 nannte (VON HUMBOLDT 1836: 477) – „von endlichen Mitteln einen unendlichen Gebrauch" erlaubt. Die Schüler lernen im Lateinunterricht, wie die einzelnen Teile des Sprachsystems ineinandergreifen und zusammenhängen: die Morphologie, die Regeln zur Semantik der Kasusfunktionen, die Nominalformen und ihre Sinnrichtungen, die Funktionen der Modi und Subjunktionen, bis sich das Bild eines geschlossenen, kohärenten Regelsystems herausbildet. Einen visualisierten Aufbau der Teile einer Grammatik als *Urbs grammatica* zeigt der Vorsatz der *Roma*-Grammatik (Bamberg 1997).

Einen guten Einblick in das sog. „Baukastensystem" der Sprache vermittelt z. B. die synthetische Verbalmorphologie des Lateinischen: Einzelne bedeutungtragende Morpheme (z. B. das Imperfektmorphem *-ba-*) werden mit Personalendungen zu neuen Formen verbunden, die wiederum im Präsensstamm (Präsens, Futur, Imperfekt) auch durch die Modi weitgehend gleich bleiben; vgl. die Grafik zum Imperfekt aus einer Übung von *Campus*, Ausgabe C 1, S. 82:

Die Kenntnis der Systemhaftigkeit von Sprache und der Kohärenz von Regeln ist auch für das Erlernen und Analysieren anderer Fremdsprachen grundlegend; zu ihrer Beschreibung lassen sich die Kategorien der lateinischen Grammatik gut verwenden.

Die Gründe hierfür sind im Wesentlichen:
• Die lateinische Schulgrammatik, die sich in fast 2000-jähriger Geschichte entwickelte, hat ein fein differenziertes System der Morphologie und der Wortarten herausgebildet.
• Im Bereich der Syntax zielt sie besonders auf die Beschreibung semantisch-logischer Kategorien ab – etwa in der Beschreibung der Kasusfunktionen, der Vor- und Nachzeitigkeit von Partizipien usw. Dieses Muster präziser Klassifikation kann auf andere Sprachsysteme übertragen und zur Grundlage für weiteres Sprachenlernen werden.

Schärfung
mutter- bzw.
zielsprach-
licher
Kompetenz

- Lernende, die an Begrifflichkeit und Strukturprinzipien der lateinischen Grammatik geschult werden, erfahren im lateinischen Sprachunterricht kognitiv auch Näheres über die Zielsprache Deutsch, v. a. dort, wo das Lateinische kontrastiv von ihr abweicht, z. B.
- an der streng durchgeführten Markierung von Kasus–Numerus–Genus, die im Deutschen durch sprachhistorische Prozesse verwischt ist (*die schönen Pferde:* Nom. oder Akk., hingegen eindeutig *equi pulchri* vs. *equos pulchros*);
- an der synthetischen Bildung von Futur und Passiv im Präsensstamm im Gegensatz zu den deutschen (analytischen) Bildungen mit *werden* (+ Infinitiv bzw. + PPP); Latein Lernende gewinnen häufig erst im Kontrast mit der lateinischen Futur- bzw. Passivbildung Klarheit über die entsprechenden deutschen Formen und Kategorien.

Zwei-
sprachiger
Latein-
unterricht und
Zielsprache
Deutsch

Hinzu kommt: Der lateinische Sprachunterricht ist im Gegensatz zum Unterricht in den modernen Fremdsprachen konsequent zweisprachig. Damit sensibilisiert er Lernende für die Unterschiede zwischen deutschen und lateinischen Formen beim Bilden und Übersetzen von Formen (*sedeo* → „ich sitze"; *sedebam* → „ich saß" usw.) und bei der Verwendung der Modi (Konjunktiv vs. Indikativ im Haupt- bzw. Gliedsatz).

Weil solche sprachlichen Operationen auf der Ebene der deutschen Zielsprache ablaufen, werden zugleich die aktive Beherrschung und der richtige Gebrauch des Deutschen geschult – ebenso wie das korrekte Bilden, Verstehen und Übersetzen lateinischer Formen und Sätze. Davon profitieren auch Schüler mit Migrationshintergrund bzw. nichtdeutscher Herkunftssprache (dazu ausführlich KIPF 2014; JESPER u. a. 2015).

1.1.3 Motivation in der Spracherwerbsphase

Der Erwerb sprachlicher Kompetenz und die Fähigkeit, über Sprache zu reflektieren, stellen wichtige Ziele des Lateinunterrichts dar, auch wenn die Erschließung lateinischer Originaltexte (durch Lektüre bzw. Übersetzung und Interpretation) meist als eigentliches Fernziel des Lateinunterrichts gilt.

Motivationsfördernd im Lateinunterricht ist das Eintauchen in die andersartige Kultur der (meist: römischen) Antike bereits im lateinischen Sprachunterricht durch die Texte und Sachinformationen der Lehrwerke; hierdurch lassen sich viele Schüler von den Inhalten und Gestalten der fremden Welt faszinieren (vgl. BÄCKER 2010). Sich Neues und Fremdes anzueignen kann gerade für junge Schüler der Unterstufe, wo Latein noch als Haupt- bzw. Kernfach wahrgenommen wird, einen besonderen Motivationsfaktor darstellen. Diese Art von Motivation belebt den Lernprozess, sie muss aber auch durch die Gestaltung des Lateinunterrichts entsprechend unterstützt werden.

Literatur

BÄCKER, NOTBURGA: Motivation, in: KEIP, MARINA/DOEPNER, THOMAS (Hgg.) 2010, 191–207.

GLÜCKLICH, HANS-JOACHIM: Lateinunterricht. Didaktik und Methodik, Göttingen 1978, v. a. 84–139 (zum Sprachunterricht).

HEY, GERHARD: Kompetenzorientiertes Lernen im Lateinunterricht, in: MAIER, FRIEDRICH/WESTPHALEN, KLAUS (Hgg.): Lateinischer Sprachunterricht auf neuen Grundlagen I (= Auxilia 59), Bamberg 2008, 97–127.

VON HUMBOLDT, WILHELM: Über die Verschiedenheit des menschlichen Sprachbaues und ihren Einfluß auf die geistige Entwickelung des Menschengeschlechts, Berlin 1836.

JESPER, ULF u. a.: Lateinunterricht integriert. Empfehlungen für Latein-Lehrkräfte zur Förderung von Schülerinnen und Schülern mit Schwierigkeiten im Gebrauch der deutschen Sprache, Bamberg 2015.

KEIP, MARINA/DOEPNER, THOMAS (Hgg.): Interaktive Fachdidaktik Latein, Göttingen 2010.

KIPF, STEFAN: Altsprachlicher Unterricht in der Bundesrepublik Deutschland, Bamberg 2006, 36–97 und 239–340 (historischer Überblick).

KIPF, STEFAN (Hg.): Integration durch Sprache. Schüler nichtdeutscher Herkunftssprache lernen Latein, Bamberg 2014.

KÜHNE, JENS/KUHLMANN, PETER: Referendariat Latein. Kompaktwissen für Berufseinstieg und Examensvorbereitung, Berlin 2015.

KUHLMANN, PETER: Perspektivenwechsel: Kompetenzen vs. Lernziele, in: KIPF, STEFAN/KUHLMANN, PETER (Hgg.): Perspektiven für den Lateinunterricht, Bamberg 2015, 16–26.

KUHLMANN, PETER: (Hg.): Lateinische Grammatik unterrichten. Didaktik des lateinischen Grammatikunterrichts, Bamberg 2014.

MAIER, FRIEDRICH: Lateinunterricht zwischen Tradition und Fortschritt. Band 1: Zur Theorie und Praxis des lateinischen Sprachunterrichts, Bamberg 1979.

Scheibmayr, Werner: Das bayerische Kompetenzmodell der Alten Sprachen, München 2013: https://www.isb.bayern.de/download/11923/bayerisches_kompetenzmodell_alte_sprachen.pdf

Wachter, Rudolf: Der dreifache Nutzen des Lateins aus Sicht der Sprachwissenschaft, München 1998.

Wirth, Theo/Seidl, Christian/Utzinger, Christian: Sprache und Allgemeinbildung. Neue und alte Wege für den alt- und neusprachlichen Unterricht am Gymnasium, Zürich 2006.

1.2 Lernbedingungen und Lernformen

1.2.1 Lehrpläne und Stundentafeln – Latein als erste (L1) und zweite Fremdsprache (L2)

Lehrpläne und Stundentafeln bestimmen heute in besonders starkem Maße den äußeren Rahmen des Lateinunterrichts und legen die Bedingungen fest, unter denen die Schüler lernen. Die Lehrpläne für den Sprachunterricht unterscheiden sich – über die Grenzen der Bundesländer hinweg – immer noch deutlich messbar. Ein länderübergreifendes Charakteristikum ist indes der Fokus auf dem gymnasialen Lateinunterricht, der in den meisten Bundesländern auch als Maßstab für den Lateinunterricht an Gesamt- bzw. Gemeinschaftsschulen dient.

Um die Anlage aktueller Curricula zu illustrieren, vergleichen wir kurz die derzeit gültigen Lehrpläne Nordrhein-Westfalens und Bayerns:

Latein als Basissprache Europas mit den Texten im Mittelpunkt

Latein wird in beiden Bundesländern als „Basissprache Europas" dargestellt. Das Ziel für den partiellen Erwerb der sprachlichen Kompetenz ist „die Vermittlung der für das Verstehen lateinischer Originaltexte erforderlichen Sprach- und Übersetzungskompetenz" (NRW) bzw. „die Übersetzung und Erschließung lateinischer Lektüretexte, zunehmend auch im Original" (Bayern für das Ende des Sprachunterrichts in Jgst. 8).

Neben dem „systematischen Erwerb des lateinischen Grundwortschatzes und der lateinischen Grammatik" steht die „angemessene Übersetzung lateinischer Text und Lesestücke" mit dem Nebenziel „Förderung der Ausdrucksfähigkeit im Deutschen" (Lehrplan Bayern für die Spracherwerbsphase).

L1 vs. L2

Latein kann an weiterführenden Schulen teilweise noch ab Klasse 5 als früh beginnende oder sogar erste Fremdsprache überhaupt gelernt werden. Die zweite Fremdsprache folgt heute in der Regel in Klasse 6. Allerdings beginnt in immer mehr Bundesländern der Englischunterricht bereits in der Grundschule, sodass nunmehr auch Latein ab Klasse 5 den Status einer zweiten Fremdsprache erhalten müsste.

1.2.1.1 Stundentafeln für Latein 1 und Latein 2

Beispiel: Bayern/NRW/Baden-Württemberg (achtjähriges Gymnasium)

L1	Jgst. 5	Jgst. 6	Jgst. 7	Jgst. 8	Gesamt
BY	5	4	4	3	16
NRW	4	4	4	4	16
BW	5	5	5	3	18

L2	Jgst. 5	Jgst. 6	Jgst. 7	Jgst. 8	Gesamt
BY		5	4	4	13
NRW		4	4	4	12
BW		5	5	3	13

Wesentliche Unterschiede zwischen den Anforderungen und Kompetenzen für Latein als erste Pflichtfremdsprache des Gymnasiums (L1) und Latein als zweite Fremdsprache zeigen nicht die curricular festgelegten Inhalte, sondern die Stundentafeln, welche die wöchentlich eingeplanten Unterrichtsstunden pro Fach angeben. Diese können zwar mittlerweile von den meisten Schulen innerhalb eines Gesamtstundenbudgets individuell festgesetzt werden, bewegen sich allerdings, wie der Vergleich zeigt, innerhalb eines konsistenten Korridors.

Mit besonders viel Stunden ausgestattet ist durchweg der Unterricht für Latein als erste neu beginnende Pflichtfremdsprache der Sek. I mit 16 bis 18 Wochenstunden für die Spracherwerbsphase, während die zweite Fremdsprache – die im Idealfall bereits auf metasprachlichen Grundkenntnissen der ersten aufbauen sollte – mit 12 bis 13 Stunden knapper gehalten ist. In die obenstehende Tabelle sind die sog. „Intensivierungsstunden" oder Förderstunden mit eingerechnet.

1.2.1.2 Biberacher Modell – Latein Plus

„Latein plus": Latein und Englisch gleichzeitig

An nicht wenigen Gymnasien, z. B. Baden-Württembergs und Niedersachsens, wird seit einigen Jahren der Versuch unternommen, gleichzeitig in Jgst. 5 Englisch und Latein zu unterrichten (sog. „Biberacher Modell" bzw. „Latein Plus"). Dahinter steckt die Absicht, die Interessen der Eltern zu berücksichtigen, die ihren Kindern mit Latein als erster Fremdsprache frühzeitig gute sprachliche und kulturelle Grundlagen angedeihen lassen wollen, ohne ihnen die moderne lingua franca Englisch mit Beginn des Gymnasiums vorzuenthalten. Gedacht war diese Variante ursprünglich für das neunjährige Gymnasium, bei dem die zweite Fremdsprache erst in Jgst. 7 einsetzte. In Baden-Württemberg ist das „Biberacher Modell" für alle Gymnasien, die Latein als erste Fremdsprache anbieten, verbindlich.

Ein zweiter Grund für den gleichzeitigen Englisch- und Lateinunterricht besteht in der oben angesprochenen Vorverlegung des Englischunterrichts auf die Grundschule: Wer in der Klasse 5 mit Latein (ohne Englisch) begönne, hätte entsprechend ein Jahr Lernpause im Englischunterricht. Insofern stellt in solchen Bundesländern „Latein plus" eine wichtige Maßnahme dar, Eltern und Schülern überhaupt noch eine vernünftige Rechtfertigung für den früh beginnenden Lateinunterricht zu bieten.

Durch die Einführung des achtjährigen Gymnasiums, in dem die zweite Fremdsprache – anders als früher – in Jgst. 6 einsetzt, ist diese Variante außerhalb Baden-Württembergs in den Hintergrund getreten. Sie hat aber auf die Gesamtstundenzahl und die Lehrpläne bzw. Lehrbücher keinen Einfluss, allenfalls auf den Unterricht, der die Synergie-Effekte zwischen beiden Sprachen v. a. im Bereich des Wortschatzerwerbs frühzeitig nutzen kann, freilich auch mit Interferenzphänomenen zu rechnen hat, z. B. wenn die Schüler ähnlich klingende Wörter der Fremdsprachen mit etwas unterschiedlicher Bedeutung (z. B. e. *study* vs. lat. *studere/studium*, f. *comprendre* vs. lat. *comprehendere*) durcheinanderbringen.

1.2.1.3 Lehrpläne – ein Vergleich

Eine Auflistung und ein systematischer Vergleich aller Lehrpläne haben hier keinen Platz. STEFAN KIPF (2006) verzeichnet S. 494–498 elf Einzellehrpläne, die allerdings nur bis ins Jahr 2004 (Bayern) reichen. Exemplarisch sei hier eine kurze Skizze der Lehrpläne für Latein als zweite Fremdsprache der vier Bundesländer geboten, die das Gros der deutschen Lateinschüler umfassen: Baden-Württemberg, Bayern, Niedersachsen und Nordrhein-Westfalen.

Auf die allgemeinen „Präambeln" und Grundsätze der Lehrpläne, in denen z. B. auch von Werteerziehung (Bayern) und der Zusammenarbeit mit anderen Fächern gesprochen wird, sei hier nicht
eingegangen; uns interessieren die wesentlichen Vorgaben für den
Sprachunterricht.

Lehrpläne für Latein als 2. Fremdsprache (L2): Vergleich
Baden-Württemberg (2004)
Der Bildungsplan 2004 ist ausdrücklich kompetenzorientiert und
fordert schon in den Leitgedanken den Aufbau „personaler Kompetenzen" „sowohl … bei der Arbeit an Texten und der auf diese Texte
bezogenen Wortschatzarbeit als auch bei der textgebundenen Erarbeitung grammatikalischer Phänomene …"

Zu vermittelnde Kompetenzen und Inhalte werden formuliert
für Klasse 6, Klasse 8, Klasse 10 (d. h., jeweils am Ende der genannten
Klasse sollen die Kompetenzen und Inhalte vermittelt sein) und die
Kursstufe.

Die folgende Übersicht enthält nur den Kern.

Klasse 6		
Wortschatz	**Morphologie**	**Syntax**
700 Wörter	Subst./Adj.: a-/o-/ Mischdekl. Verb: Ind. + Imp. I; alle Tempora, auch Passiv, aber kein Konjunktiv; Inf. Präs. u. Perf.; alle Arten der Perfektbil- dung; Stammformen	syntaktische und we- sentliche semantische Funktionen der Kasus Gebrauch der Tempora im Vergleich zum Deutschen Relativsatz Adverbialsätze (Ind.) Aci (gleich-/vorzeitig) Participium coniunctum
Klasse 8		
1200 Wörter	Subst.: u-/e-Dekl. Adj.: Komparation Verb: Konjunktiv; PFA; Inf. der Nachzeitigkeit; nd-Formen; Deponen- tien	Relativsätze Gerundiv u. Gerundium Abl. abs. Irrealis Konj. im Hauptsatz Konj. im Gliedsatz weitere Adv.-Sätze

Bayern (2004)

Der bayerische Lehrplan (G 8) unterscheidet grundsätzlich zwischen L1 und L2; gemeinsam ist beiden Sprachlehrgängen, dass die Jgst. 8 als „Spracherwerbs und Übergangsphase" bezeichnet wird, in der der Spracherwerb abgeschlossen werden soll.

Grundsätzlich werden die Bereiche Sprache, Textarbeit und Antike Kultur unterschieden; in Jgst. 7 kommt „Methodisches und selbständiges Arbeiten", in Jgst. 8 die Übergangslektüre hinzu.

Die Stoffverteilung im Bereich „Sprache" ist relativ strikt und detailgenau; die Wortschatzmenge liegt mit 1300 Wörtern bis Jgst. 8 über der von Baden-Württemberg.

Jgst. 6		
Wortschatz*	Morphologie	Syntax
450 Wörter	Subst./Adj.: a-/o-/3. Dekl.	Grundbegriffe
	Verben: alle Konj. im	Gen. poss.
	Aktiv, Ind. + Imp. I;	Dat. poss.
	esse; posse; velle; ire;	Acc. temp.
	Inf. Präs. u. Perf.; alle	Abl. instr., sep., temp.
	Arten der Perfekt-	Relativsatz
	bildung; Stammformen	Adverbialsätze
		Aci (gleich-/vorzeitig)
Jgst. 7		
450 Wörter	Subst.: e- und u-Dekl.	Irrealis
	Adj.: einendige	Gen. qual., subi./obi.
	Pron.: Demonstrativ-	Dat. comm.
	pron.; Interrogativpron.	Dopp. Akk.
	weitere Numeralia	Abl. qual.
	Verb: Passiv; Konjunk-	Konj. im Gliedsatz
	tiv; Inf. Präs./Perf. Pass.;	weitere Adverbialsätze
	PPA; PPP; ferre;	Aci im Passiv
	Stammformen	Participium coniunctum
		Abl. abs.

Jgst. 8		
400 Wörter	Adj.: Komparation Pron.: Indefinitpronomen: aliquis Verb: Gerund; Deponens; Semidep.; fieri	Komparativ Dat. auct. Gen. part. Konj. im Hauptsatz Aci nachzeitig Part. Fut. Abl. abs. verschränkter Relativsatz, ggf. in Übergangslektüre Gerundiv Nci 3. Person, ggf. in Übergangslektüre weitere Adverbialsätze In Lektürephase: hist. Präsens; hist. Infinitiv; Imp. II; indirekte Rede (mit consecutio temporum)
Σ 1300 Wörter		

* plus Kulturwortschatz, incl. auch einzelne Wendungen

Niedersachsen – Neu beginnender Lateinunterricht in der Einführungsphase des Gymnasiums (2008)
Quelle: Kerncurriculum für das Gymnasium Schuljahrgänge 5–10 (http://db2.nibis.de/1db/cuvo/datei/kc_gym_latein_08_nib2.pdf)
Hier ist als (einziges) übergeordnetes Ziel für die „Sprachkompetenz" aufgeführt: „Die Schülerinnen und Schüler lernen die lateinische Sprache als ein wohlgeordnetes System kennen, in welchem Wörter nicht isoliert, sondern in einer semantischen und formalen Beziehung zueinander stehen." (13) – ein sehr knapp formuliertes und sehr rational gefasstes Unterrichtsziel.
    Besondere Merkmale dieses Lehrplans:
• Er ist nicht primär auf die einzelnen Jahrgangsstufen verteilt, sondern sieht das Erreichen von Kompetenzen für bestimmte Zeitpunkte vor: nach Jgst. 6, 8 oder 10.
• Zu Latein ab Jgst. 5 „entscheidet die Fachkonferenz über die altersgerechte curriculare Gestaltung des Unterrichts … aufgrund der

Vorgaben für Schuljahrgang 6. Im Schuljahrgang 5 muss mehr Zeit für den Erwerb von Arbeitsstrategien und Lerntechniken sowie für intensives Üben verwendet werden." (10)

- Der niedersächsische Lehrplan betont die passive (rezeptive) Erschließung bzw. Einordnung der Einzelformen.
- Wortschatz: Für Jgst. 6 (L2) sind ca. 350 Wörter vorgegeben; am Ende von Jgst. 8 sollen die Schüler den Lernwortschatz ihres Lehrbuches beherrschen (ca. 80% des Grundwortschatzes), am Ende von Jgst. 10 einen Grundwortschatz von ca. 1200 Wörtern und Wendungen.
- Lateinsprechen ist explizit als Ziel genannt – mit der Einschränkung, kurze Sätze zu produzieren („z. B. Begrüßungsformeln, Aufforderungen, lateinische Antworten auf Fragen zu ihrer Person oder auf Fragen zum Textinhalt"; 21).
- Syntax: Die Nachzeitigkeit ist ausgeklammert, das Gerundiv mit *esse* ist explizit nicht gefordert.
- Zum Übersetzen heißt es: „(Die Schülerinnen und Schüler …) gehen … systematisch vor (z. B. nach der Pendelmethode)."

Nordrhein-Westfalen (2008)
Quelle: Kernlehrplan für das Gymnasium – Sekundarstufe I in Nordrheinwestfalen
http://www.schulentwicklung.nrw.de/lehrplaene/upload/lehrplaene_download/gymnasium_g8/gym8_latein.pdf

Dieses Bundesland macht detaillierte Vorgaben für L1 ab Jgst. 5. Weitere Merkmale:

- Für die Jahrgangsstufen 6 bzw. 8 wird – ähnlich wie in Niedersachsen – jeweils ein Gesamt-Kompetenzbündel formuliert.
- Am Ende von Jgst. 6 wird ein Wortschatz von 400–450 Wörtern erwartet, am Ende von Jgst. 9 sollen die Schüler in der Lage sein, „ihren Wortschatz lektürebezogen stetig auf insgesamt 1400 Wörter zu erweitern." (34)
- Die Einzelheiten von Deklinationen bzw. Konjugationen und der Kasusfunktionen werden nicht expliziert, hingegen begnügt sich der Lehrplan mit „ausgewählte(n) lateinischen Konjugations- und Deklinationsklassen", bei denen die Schüler „ihre Kenntnisse bei der Arbeit an einfacheren didaktisierten Texten anwenden" können sollen.
- Allerdings wird eine Kompetenzeinschränkung deutlich (bei Jgst. 6): Der Lehrplan hebt klar auf die „Synergieeffekte in Verbindung mit dem Unterricht in modernen Fremdsprachen" ab, die

dazu genutzt werden können bzw. sollen, „den Sprachlehrgang auf Deduktion und das Aufweisen von Parallelen und Analogien abzustellen und damit zu verkürzen.": Das ist eine erhebliche Einschränkung im Vergleich zu den geforderten Sprach- bzw. Übersetzungskompetenzen z. B. von Bayern oder Baden-Württemberg.

• Eine weitere Einschränkung lässt sich aus dem vorletzten Kompetenzziel ablesen: „Der Lateinunterricht bereitet das Erlernen weiterer Fremdsprachen vor": Latein wird hier also eine dienende Funktion zugewiesen, der Eigenwert der Sprache und des Sprachunterrichts damit deutlich eingegrenzt.

1.2.1.4 Fazit des Vergleichs – Konsequenzen für den Unterricht

Es zeigen sich also – trotz einheitlicher Prüfungsanforderungen für das Abitur – deutliche Unterschiede in der Behandlung von Latein 1, in der Genauigkeit der morphologisch-syntaktischen Vorgaben, in den Gesamtzielen des Lateinunterrichts und seiner Kompetenzen. Ein leichtes „Süd-Nord-Gefälle" zeichnet sich ab.

Inwiefern die Kompetenzorientierung dazu beiträgt, den Lateinunterricht substantiell zu verändern, muss die Zukunft zeigen. Entscheidend wird sein, was die Lehrbücher bieten und fordern – und wie die Lehrkräfte (gemeinsam mit ihren Schülern) im Unterricht mit deren Angebot umgehen und eigenverantwortlich handeln.

1.2.2 Latein als dritte (L3) und spätbeginnende Fremdsprache

Nicht in allen Bundesländern wird Latein als dritte Fremdsprache angeboten; Englisch und dann meist Französisch oder zunehmend auch Spanisch gehen in diesem Fall als erste und zweite Fremdsprache dem Lateinunterricht voraus. Der Start ist dann – im achtjährigen Gymnasium (s. 1.2.3) – in der Regel erst in Jgst. 8. In dieser Altersphase, in der das Erlernen des Lateinischen zwar auf den lexikalischen und grammatikalischen Grundkenntnissen einer anderen romanischen Sprache und des Englischen aufbaut, kann pubertätsbedingt nicht immer mit ähnlicher Motivation und gleichem Interesse bei jüngeren Schülern für eine andere, vergangene Kultur gerechnet werden.

Die Lehrbücher reagieren durch entsprechende Stoffvorgaben und eine Textauswahl, die auf die Altersunterschiede der 14-jährigen gegenüber den 10- (L1) und 11-jährigen (L2) Schülern Rücksicht nimmt. Das Ziel der Lektürefähigkeit erfordert die gleichen Grundkenntnisse; bei L3 können und müssen Lehrkräfte in höherem Maße an die in beiden bereits gelernten Fremdsprachen grundgelegten Lerntechniken (z. B. das Wörterlernen) und Kompetenzen anknüpfen.

1.2.3 Sonderproblem: das achtjährige Gymnasium

Insgesamt haben die Schüler des achtjährigen Gymnasiums von Jgst. 5 bis 8 durchschnittlich zwischen 32 und 34 Wochenstunden. Als Folge verbringen sie in der Regel einen bis zwei Nachmittage mit Pflichtunterricht in der Schule. Verschärft wird diese Stundenbelastung dadurch, dass die Schüler nun in der Unterstufe – vor Einsetzen einer dritten Pflichtfremdsprache in Jgst. 8 – pro Jahr zwölf Unterrichtsfächer mit Inhalten erleben, die in nuce von zuvor sieben auf nun sechs Jahre (G9 vs. G8) komprimiert sind. Sie müssen in diesem Fall also in gedrängter Zeit pro Woche und Schuljahr eine größere Stofffülle bewältigen als im neunjährigen Gymnasium.

Das acht-
jährige
Gymnasium
schränkt
Spielräume
ein.

    Dies hat Konsequenzen für den Spielraum, der den Schülern für Wahlunterricht und Freizeitaktivitäten bleibt – diese sind durch den hohen Stundenanteil des Pflichtunterrichts stark eingeschränkt –, aber auch für die Häufigkeit und den Umfang der Hausaufgaben (dazu Kap. 2.6). Auf diese im G8 veränderten Rahmenbedingungen muss der Unterricht nach Möglichkeit Rücksicht nehmen.

1.2.4 Situation der Heranwachsenden

Bei den Schülern der weiterführenden Schulen setzt in der Regel die Pubertät zwischen 11 und 13 Jahren ein, was häufig zu Defiziten in der Aufmerksamkeit während des Unterrichts und bei der Motivation im Allgemeinen führt. Meist kommen Mädchen mit der Stunden- und Stoffbelastung des (achtjährigen) Gymnasiums in dieser Altersphase besser zurecht als Jungen, d. h., Mädchen zeigen eher sog. „Sekundärtugenden" bzw. „Schlüsselkompetenzen" wie Fleiß, Lernkontinuität, Ordnung und Selbstorganisation, während viele Jungen sich in dieser Alters- und Lernphase durch einen größeren Bewegungsdrang, Unruhe und Motivationsabfall auszeichnen. Der schulische Leistungsabfall von Jungen v. a. in der Pubertätsphase ist empirisch nachgewiesen (vgl. MATZNER-TISCHNER 2012).

    Die neueren Lateinbücher bieten durch das Angebot von „Jungenthemen" wie Gladiatoren, Spielen oder Herkulesmythen zwar viele Anknüpfungspunkte für diese Schülergruppe, allerdings fällt im lateinischen Sprachunterricht die Pubertät aufgrund der Grammatikprogression der Lehrwerke/Curricula teilweise mit der Vermittlung komplexer Grammatikphänomene (z. B. der satzwertigen Partizipial-konstruktionen, der Formen und Verwendung der Konjunktive) zu-sammen. Hier sind die Lehrenden entsprechend gefordert, durch die Wahl geeigneter Unterrichtsformen die Vermittlung der für die Lek-türe relevanten Sprachphänomene möglichst günstig zu gestalten.

Literatur

Bundeszentrale für gesundheitliche Aufklärung: Forum Online 2007 (3. Aufl. 2012): Sexualaufklärung, Verhütung und Familienplanung, passim.

Hohenner, Gerhard: Positionsbestimmung, in: Akademie für Lehrer-fortbildung und Personalführung Dillingen (Hg.): Fachdidaktik Latein, Dillingen 2013, 7–21.

Kipf, Stefan: Altsprachlicher Unterricht in der Bundesrepublik Deutsch-land, Bamberg 2006, 36–97; 239–340.

Kluge, Norbert: Jungen und Sexualität, in: Matzner, Michael/Tischner, Wolfgang (Hgg.): Handbuch Jungen-Pädagogik, Darmstadt ²2012, v. a. 233–244.

Maier, Friedrich: Lateinunterricht zwischen Tradition und Fortschritt. Band 1: Zur Theorie und Praxis des lateinischen Sprachunterrichts, Bamberg ²1984, 15–36.

Matzner, Michael/Tischner, Wolfgang (Hgg.): Handbuch Jungen-Pädagogik, Weinheim/Basel ²2012.

Lehrpläne:

Bayern: http://www.isb-gym8-lehrplan.de/contentserv/3.1.neu/g8.de/in-dex.php?StoryID=26362 (abgerufen am 19.10. 2015)

Nordrhein-Westfalen: http://www.schulentwicklung.nrw.de/lehrplaene/upload/lehrplaene_download/gymnasium_g8/gym8_latein.pdf (abge-rufen am 19.10. 2015)

Baden-Württemberg: http://www.bildung-staerkt-menschen.de/service/downloads/Bildungsstandards/Gym/Gym_L_2f_bs.pdf (abgerufen am 19.10. 2015)

Kipf, Stefan: Altsprachlicher Unterricht in der Bundesrepublik Deutsch-land. Historische Entwicklung, didaktische Konzepte und methodische Grundlagen von der Nachkriegszeit bis zum Ende des 20. Jahrhunderts, Bamberg 2006; ebda. 36–54: zur Bedeutung des lateinischen Sprach-unterrichts und seiner Geschichte; 494–498: Fundstellen für die Lehr-pläne bis 2004.

1.3 Sozialformen des Unterrichts

Im Unterricht der weiterführenden Schulen – speziell auch am Gymnasium – hat sich während der letzten zwanzig Jahre – noch vor der Einführung des G8 – eine Öffnung zu anderen Unterrichtsformen vollzogen. Diese lässt sich als Dichotomie beschreiben zwischen dem klassischen lehrerzentrierten **Frontalunterricht**, in dem die Lehrkraft die Kommunikation steuert und damit das Unterrichtsgeschehen dominiert, und dem „**offenen Unterricht**", in dem Schüler – innerhalb eines vorgegebenen Rahmens – ihre Inhalte für die jeweilige Stunde selbst wählen und allein oder in Gruppen Aufgaben bearbeiten.

Zwischen diesen Extremen finden sich verschiedene Zwischenstufen und -formen; sie betreffen sowohl die Sozialform (Einzel-, Partner- oder Gruppenarbeit) als auch die Methode (Umgang mit Stoff und Medium, Rolle der Schüler als Lernende oder Lehrende) im Einzelnen.

Hier soll nur eine Skizze der wesentlichen, im Lateinunterricht praktizierten und umsetzbaren Formen gegeben werden, weil wir im Weiteren bei der Beschreibung des Unterrichts darauf Bezug nehmen (ausführlich zu den Sozialformen im Lateinunterricht DRUMM/ FRÖLICH 2007: 313–330).

Vereinfacht lassen sich die verschiedenen Unterrichtsformen einteilen nach der Zahl der Beteiligten (der reinen „Sozialform") und der Art, wie diese gefüllt wird. Innerhalb der verschiedenen sozialen Einheiten (Plenum, Gruppe, Partner, Einzelschüler) lassen sich weitere Unterformen finden (vgl. v. a. BRENNER/BRENNER 2005: 26–54). Die Dauer der jeweiligen Sozialform wird durch die Lehrkraft vorgegeben; manche der folgenden Formen lassen sich sowohl als Einzel- als auch in Partner- oder Gruppenarbeit durchführen.

Als erfahrungsbasierte Grundregel kann gelten, dass pro Stunde mindestens einmal ein Wechsel der Sozialform erfolgen sollte, um auf systematische Weise Schüleraktivität zu ermöglichen. Je jünger die Schüler sind, desto häufiger sollte die Sozialform gewechselt werden, um die Aufmerksamkeit zu erhalten.

1.3.1 Frontalunterricht

1.3.1.1 Lehrerzentrierter Unterricht

Frontalunterricht ist in Teilen der universitären Erziehungswissenschaften lange Zeit ein ideologisch hoch aufgeladener Begriff gewesen – anders lassen sich Zuschreibungen wie „patriarchalisch – auto-kratisch" (KIRCHHOFF 1991: 30) oder „methodische Monokultur" (GRAMMES 1998: 669) nur schwer erklären. Inzwischen ist eine Beru-higung zugunsten einer sachlicheren Betrachtung eingetreten, wofür stellvertretend Titel und Ausrichtung von GUDJONS' Buch *Frontal-unterricht – neu entdeckt* von 2007 stehen mag.

Damit sollte der Vergangenheit angehören, was HILBERT MEYER schon vor über 20 Jahren als Dilemma zwischen Theorie und Praxis diagnostiziert hatte: „Im Studium lernt heute fast jeder Lehrerstudent schon in den ersten Semestern, dass Frontalunterricht etwas Schlech-tes und Gruppenunterricht etwas Gutes sei. In der Schule erfährt er dann, dass es ohne Frontalunterricht überhaupt nicht geht – also praktiziert er ihn, aber mit schlechtem Gewissen und noch schlech-terer Ausbildung." (MEYER 1994: 138).

Der sog. Frontalunterricht (lehrerzentrierter Unterricht) wird auch als Klassen- oder Plenumsunterricht bezeichnet: Anders als bei Partner-, Gruppen- oder Einzelarbeit ist die Gesamtgruppe der Ler-nenden nicht aufgeteilt. Es handelt sich also um eine Sozialform, nicht um eine Unterrichtsmethode – denn der im Klassenrahmen gestaltete Unterricht ist prinzipiell offen für die Integration verschie-dener methodischer Elemente: Neben die genuin lehrerzentrierten Verfahren wie den Lehrervortrag, das fragend-entwickelnde und das gelenkte Unterrichtsgespräch können bereichernd schülerzentrierte Arbeitsformen wie das Schülerreferat, partiell offene Methoden (Lernen durch Lehren, Lernzirkel, projektartige Unterrichtsformen) sowie verschiedene Sozialformen (Partner-, Gruppen-, Einzelarbeit) und Arbeit mit Medien aller Art treten (integrierter Frontalunter-richt). Guter lehrergelenkter Unterricht ist flexibel, methodisch of-fen und abwechslungsreich gestaltet.

> Frontalunter-richt vor dem Plenum, offen für andere methodische Elemente

Die Chancen lehrerzentrierten Unterrichts sind zusammenge-fasst:

- die präzise und kompakte Darstellung von Lerngegenständen
- die hohe Effizienz, da die Planung der Einzelstunde wie der gesam-ten Unterrichtssequenz aus einer Hand erfolgt
- die Professionalität der durch Studium, Referendariat und Berufs-erfahrung ausgewiesenen Fachkraft (Überblick über Stoff und Fas-sungsvermögen der Schüler)
- die Passung von behandelten Inhalten und Prüfungsanforderungen
- die generellen Vorzüge strukturierten Unterrichts für leistungs-schwächere, von ADHS oder Migration betroffene Schüler.

Probleme:
- die ggf. passiv-konsumierende Rolle der Schüler
- die Vernachlässigung von Sozial- und Selbstorganisationsfähigkeiten
- ein „Lernen im Gleichschritt", bei dem die Differenzierung zu kurz kommen kann

Die Idealform des Unterrichtens per se gibt es nicht: Stets hängt der Unterricht von den individuellen Gegebenheiten jeder Lerngruppe ab. Generell dürfte eine Abwechslung zwischen Blöcken lehrerzentrierten Unterrichtens und Phasen größerer Schüleraktivierung (etwa in Projekten) eine Art goldene Mitte darstellen.

Effektivität direkter Instruktion: Es kommt auf den Lehrer an!

Die Metastudie des neuseeländischen Bildungsforschers JOHN HATTIE (2009) weist auf empirischer Grundlage nach, dass „direkte Instruktion" mit die größte „Effektstärke" für den Lernerfolg der Schüler zeigt, während der Erfolg sog. offener Unterrichtsformen empirisch nicht belegt werden kann; schon programmatisch ist das Resümee: „What teachers do matters." Auch unter den Gesichtspunkten der „Jungenpädagogik" gewinnt die direkte Instruktion besonderes Gewicht: MATZNER/TISCHNER 2012:430.

1.3.1.2 Lernen durch Lehren (LdL)

Bei diesem Verfahren übernehmen Schüler – nach entsprechender häuslicher Vorbereitung – die Rolle der Lehrkraft. Dabei können sie den gesamten Unterricht oder auch nur Teile bestreiten (wie z. B. die Verbesserung der Hausaufgabe, die Präsentation von zu wiederholender Grammatik oder auch die Erläuterung neuer Vokabeln z. B. mit selbst entwickelten Merkhilfen und „Eselsbrücken" durch einen Schüler am Tageslichtprojektor oder *interactive board*). Die Lehrkraft hat ggf. die Materialien der lehrenden Schüler vorab korrigiert, steht während des Unterrichts im Hintergrund und greift nur bei gravierenden Fehlern ein. LdL bietet v. a. in der Schüleraktivierung und der Förderung sozialer Kompetenz große Chancen, birgt aber auch Risiken, am häufigsten das Überschreiten des Zeitbudgets der Stunde. Andererseits geben sich Schüler erfahrungsgemäß deutlich mehr Mühe bei der Erarbeitung einer entsprechenden Präsentation und gelangen so zu einem tieferen Verständnis z. B. von Grammatikstoff. Empfehlenswert ist ein Einsteigen mit einzelnen Stundenteilen nach dieser Methode (GEGNER 1994).

1.3.2 Einzelarbeit

In den verschiedenen Formen der Einzelarbeit erwerben die Schüler in hohem Maße Selbstkompetenz: Sie arbeiten ohne fremde Hilfe, sind zeitlich, methodisch und – was ihre Arbeitsmittel angeht – auch „technisch" gefordert und erhalten die Rückmeldung für ihre Ergebnisse erst nach längerer Zeit, sie müssen also auch Geduld lernen.

Einzelarbeit fördert Selbstkompetenz.

Die Methodenkompetenz wird beim Durchlaufen verschiedener Übungsformen geschult, durch eigenständiges Erarbeiten mit Hilfsmitteln wird auch die Grundlage für späteres, lebenslanges eigenes Arbeiten gelegt.

Stillarbeit: Jeder Schüler liest/schreibt/übt für sich still, bevor die Ergebnisse seiner Tätigkeit nach einer vorgegebenen Zeit meist im Rahmen eines Unterrichtsgesprächs abgerufen werden.

Freiarbeit: Die Methode stammt aus der Reformpädagogik und hat vor ca. 20 Jahren Eingang in das Methodenrepertoire des Gymnasiums gefunden. Das Prinzip ist: Die Schüler steuern ihre Lerninhalte und den Arbeitsablauf selbst. Die Lehrkraft gibt vorbereitete Lernmaterialien aus und die Unterrichtsziele vor. Vorgegeben sind nur der Zeitrahmen und die Materialien; alle Sozialformen sind denkbar. Am Ende werden die Ergebnisse der Arbeit präsentiert. Die Lehrkraft ist lediglich Berater/Beobachterin und nimmt sich im Unterricht zurück; allerdings sind ihre häuslichen Vorarbeiten unter Umständen recht aufwendig. Der Vorteil dieser Methode ist die Iterierbarkeit der Freiarbeit in anderen Klassen bei gleichem Stoff. Verhaltensregeln sind nötig, das Verfahren muss den Schülern erklärt werden, sofern es nicht von der Grundschule her bekannt ist. Materialien zur Freiarbeit werden inzwischen von Verlagen angeboten oder – in jeder Schule anders organisiert – von den Fachschaften „gespeichert" und an die Kollegen weitergegeben. Im Sprachunterricht lässt sich diese Methode in den ersten Lernjahren hervorragend für die (binnendifferenzierende) Festigung oder Wiederholung von Formenlehre und Wortschatzarbeit einsetzen.

Stationenlernen/Lernzirkel: Schüler arbeiten allein, paarweise oder in Gruppen an verschiedenen Plätzen verschiedene Aufgaben selbständig ab. Auch hier sind umfängliche Vorarbeiten des Lehrers vonnöten, die im Unterricht aber durch hohe Selbständigkeit der Schüler belohnt wird. Die Kontrolle der Arbeitsergebnisse – z. B. durch Lösungsblätter – ist geboten. Der Aufwand für die Lehrkraft lässt sich in Grenzen halten, wenn sie sich an das Lehrbuch anlehnt.

Möglichkeiten hierzu bietet fast jede Lehrbuchlektion, wie z.B. *Campus, Ausgabe C,* Lekt. 30 (Stoff: *velle,* Substantive der 3. Deklination wie *mulier, soror/amor/clamor* und die Gliedsätze als Adverbiale (*si, quod, quia, dum, quamquam*). Inhalt des Lesestücks ist eine Taschendiebepisode aus Pompeji.

Mögliche Stationen: (1) Wiederholung der Substantive (z.B. aus einer Wiederholungslektion wie Lekt. 7 plus Übung c und d), (2) Einübung der Formen von *velle* (Übung c) aus Lekt. 20 selbst oder aus Lekt. 7 plus Übung e, (3) eine szenische Umsetzung eines kleinen Texts mit den neuen Substantiven und mit vielen Formen von *velle,* den der Lehrer geschrieben hat, (4) Adverbialsätze (auch hier Übungen aus dem Buch, ggf. Umformung von Satzreihen in lateinische Satzgefüge mit den kausalen, konditionalen und konzessiven Konjunktionen und Übersetzung). Wichtig sind Kontrollblätter zur Sicherung der richtigen Lösungen. Rolle des Lehrers: Beratung, Kontrolle der Ergebnisse.

1.3.3 Gruppenarbeit

Die Gruppenarbeit fordert bzw. erzeugt in besonderem Maß **Sozialkompetenz:** Zusammenarbeit, Rücksichtnahme, Eingehen auf die Lösungen der anderen Gruppenmitglieder und Dialog mit den Ergebnissen der weiteren Gruppen werden hier geschult.

Partner- und Gruppenarbeit fördern Sozialkompetenz.

Die Zusammensetzung der Gruppen kann von der Lehrkraft vorgegeben oder durch ein Zufallsprinzip bestimmt sein; die ideale Gruppengröße dürfte sich zwischen drei bis fünf Schülern bewegen. Die Schüler erarbeiten innerhalb ihrer Gruppe arbeitsteilig (d.h. jede Gruppe hat andere Aufgaben) oder arbeitsgleich einen Stoff. Am Ende folgt die Präsentation (Übersetzungen, Lösungen, Zeichnungen, szenische Umsetzung). Bei arbeitsgleicher Arbeit dienen die übrigen Gruppen als Kontrollgruppen der Präsentationsgruppe.

Diese Sozialform eignet sich gut für die arbeitsteilige Übersetzung und/oder Interpretation von längeren Übersetzungstexten, für komplexe Übungen oder das Inszenieren kleiner dialogischer Partien. Speziell im Grammatikunterricht ist die (induktive) Erarbeitung neuer Grammatikphänomene gut für Gruppenarbeitsphasen geeignet, weil mehrere Schüler als Team naturgemäß mehr entdecken können als ein einzelner Schüler.

1.3.4 Partnerarbeit (s. auch Kap. 2.3)

Meist arbeiten die Schüler mit ihrem Banknachbarn zusammen; möglich ist aber auch die gezielte Zusammenstellung leistungshomogener oder leistungsverschiedener Paare: In diesem Falle stützt der Stärkere den Leistungsschwächeren. Auch hier wird die Sozialkompetenz geschult: Das betrifft das Zusammenspiel mit dem Nachbarn, aber auch das Eingehen auf seine Lösungen und das Nachforschen, wenn beide Partner – soweit es die Partnerübung erlaubt – zu unterschiedlichen Lösungen kommen.

Beispiel: Überprüfung der Hausaufgaben in Form der **Tandemaufgabe**: Einer der Partner hat für eine bestimmte Aufgabe (hier zu den Formen von *velle*, deren Einübung auch ohne Übersetzung denkbar ist) die Lösung und kontrolliert seinen Partner; das Spiel kann als Ping-Pong-Spiel weiter fortgeführt werden. Ebenso können sog. „Tandembögen" zur Einübung und Festigung grammatikalischer Phänomene in Partnerarbeit gelöst werden. Diese beliebte Sozialform ist wenig vorbereitungsintensiv und zeitsparend und gewährleistet eine hohe Beteiligung aller Schüler.

Ein Beispiel für einen Tandembogen:

Formenspeicher: *volo, vis, vult, volumus, desidero, desideras, desiderat, desideramus*	
Ersetze die Formen von *desiderare* durch die passende Form von *velle*:	Blatt A, linker Banknachbar
1 Quid tu desideras?	
2	Id ego numquam volo.
3 Quis librum tuum desiderat?	
4	Novos libros numquam volumus.
	Blatt B, rechter Banknachbar
1	Quid tu vis?
2 Id ego numquam desidero.	
3	Quis librum tuum vult?
4 Novos libros numquam desideramus.	

1.3.5 Projektarbeit

In der Projekt-
arbeit bündeln
sich die Kom-
petenzformen

Die Schüler arbeiten an einem Projekt, wobei das Thema meist von der Lehrkraft vorgegeben wird, aber auch aus den Interessen der Schüler erwachsen kann. Dabei kann es sich (je nach Zeitbudget und Anlass) um ein Großprojekt handeln, etwa die Erarbeitung eines Readers, Films, Theaterstücks o. Ä.; aber auch im Rahmen des alltäglichen Unterrichts sind kleinere Projekte denkbar – speziell im Sprachunterricht, z. B. die Vorbereitung szenischer Aufführungen in lateinischer Sprache oder die Suche nach Latein im Alltag (auch z. B. Inschriften an Häusern und in Kirchen). Hier greifen Sozial-, Selbst- und Sachkompetenz ineinander, je nachdem, welche Rolle dem Einzelnen im Gesamtgefüge des Projekts zukommt – oder welche Rolle er sich selbst aussucht.

Ein Beispiel: Sieht das Lehrbuch z. B. eine sich über mehrere Lektionen erstreckende Behandlung des Themenbereichs „Pompeji" vor, könnten die Schüler Recherchen zu ausgewählten Unterthemen (Alltagsleben Pompejis – möglicherweise unter Einbezug pompejanischer Inschriften, Vesuvausbruch, Ausgrabungen usw.) anstellen, deren Ergebnisse auf Lernplakaten festhalten, daneben auch lateinische Texte aus Lehrbüchern als szenische Aufführungen vorbereiten. Dieses sich über mehrere Unterrichtsstunden erstreckende Projekt führt abschließend zu einer Präsentation, ggf. vor der Öffentlichkeit der Eltern, was die Schüler besonders motivieren dürfte. Der Zeitaufwand innerhalb und außerhalb des Unterrichts ist hoch, der Ertrag aber groß: Bündelung und Vertiefung kulturgeschichtlicher Inhalte, Vertiefung sprachlicher und textlicher Kompetenz, Aktivierung künstlerischer Kreativität bei der Gestaltung von Plakaten bzw. der szenischen Umsetzung, Präsentation vor der Öffentlichkeit, Förderung der Sozialkompetenz.

1.3.6 Kompetenz-Konstruktion – Lösungen selbst finden

Lösungen
selbst finden –
ein mutiger
neuer Weg

Dieses Unterrichtsverfahren kann in Einzel- oder Gruppenarbeit durchgeführt werden. Ziel ist es, die Schüler auf den Weg zu bringen, mit ihrem vorhandenen Wissen komplexe Lösungen – wie z. B. das Zusammenstellen von Wortfeldern, die Interpretation von Lehrbuchsequenzen, die Übersetzung größerer Textpartien – selbst zu bewältigen.

Der Ausgangsimpuls geht von der Lehrkraft aus. Die Schüler bekommen für bestimmte, besonders schwierige Texteinheiten die Lösung (die Übersetzung) im Ganzen oder in Umrissen vorgelegt und müssen den Weg zum Ziel (die Feinübersetzung, die Darstellung der grammatischen Probleme, die Erarbeitung sprachlicher Eigenheiten des Texts oder die Erschließung der Inhalte von Lesestücken) selbst finden und ihren Erkenntnisprozess dann den anderen präsentieren. Diese Methode eignet sich im fortgeschrittenen Sprachunterricht (aber auch im Rahmen der Lektürephase) und kann in Lerngruppen mit Motivations- oder Leistungsdefiziten den Lernprozess fördern: Das eigenständige Entdecken eines Lösungsweges fordert Schüler heraus und schult das problemlösende Denken und Handeln sowie Strategien der Selbstüberprüfung bezüglich der Passgenauigkeit des eigenen Lösungswegs.

1.3.7 Die „Hattie-Studie": Auf den Lehrer kommt es an! Konsequenzen für die Methodik?

Für großes Aufsehen in der Öffentlichkeit, v.a. bei Bildungspolitikern, hat seit 2009 in verschiedenen Wellen die sog. „Hattie-Studie" gesorgt. Der britische Bildungsforscher John Hattie hat in seiner Studie „Visible Learning" über 800 zusammenfassende sog. „Meta-Studien" zu Unterricht, Lernen und Lernerfolg einer vergleichenden Revision unterzogen. Dabei versuchte er, die Wirkungsmacht („Effektstärken") verschiedener Faktoren innerhalb und außerhalb des Unterrichts zu erfassen und anhand einer einheitlichen Messskala zu quantifizieren.

Dabei stellte sich u.a. heraus, dass die Effektstärke der Klassengröße und der technischen Ausstattung einer Schule oder Klasse relativ gering ist, weit wichtiger hingegen die Persönlichkeit des Lehrers und seine Fähigkeit, Schüler zu motivieren und zu Lernerfolgen zu führen. Auch die Wahl „moderner", von der Reformpädagogik seit Jahrzehnten propagierter Unterrichtsformen (wie z.B. des offenen Unterrichts) zeigt bei weitem nicht den hohen Effekt hinsichtlich des Unterrichtserfolgs wie der klassische, lehrerzentrierte Unterricht.

Auf zwei wesentliche, aber in der Bildungsdiskussion weniger beachtete Beobachtungen Hatties wird an geeigneter Stelle näher einzugehen sein: auf die Rolle des sog. „Feedbacks" (s. Kap. 12) und der Hausaufgaben (s. Kap. 2.6); beide Faktoren zeig(t)en nach der Hattie-Studie (2009/2013) herausragende Effektstärken. Hierauf muss auch der Lateinunterricht reagieren. Speziell für den Grammatikunterricht dürfte die Hattie-Studie relevant sein, da hier z.T. hochkomplexe Zusammenhänge von Lernenden erarbeitet und verstanden werden müssen – was ohne lehrerbasierte Unterstützung nur schwer denkbar ist.

Literatur

BRENNER, GERD/BRENNER, KIRA: Fundgrube. Methoden I. Für alle Fächer, Berlin 2005 (Grundlegend und für alle Fächer einsetzbar).

DRUMM, JULIA/FRÖLICH, ROLAND (Hgg.): Innovative Methoden für den Lateinunterricht, Göttingen 2007.

GEGNER, RENATE: Lernen durch Lehren. Ein Weg zum handlungsorientierten Lateinunterricht, in: Der Altsprachliche Unterricht 3 und 4 (1994), 14–31.

GRAMMES, TILMAN: Kommunikative Fachdidaktik, Wiesbaden 1998.

GUDJONS, HERBERT: Frontalunterricht – neu entdeckt: Integration in offene Unterrichtsformen, Bad Heilbrunn [2]2007.

GUDJOHNS, HERBERT: Frontalunterricht – neu entdeckt, Heilbrunn [3]2011.

HATTIE, JOHN A. C.: Visible learning: A synthesis of 800+ meta-analyses on achievement, London 2009; die deutsche, von WOLFGANG BEYWL und KLAUS ZIERER übersetzte und überarbeitete (aktualisierte) Ausgabe erschien 2013 unter dem Titel „Lernen sichtbar machen".

KIRCHHOFF, R.: Didaktisch/methodische Modelle, Detmold 1991.

MATZNER, MICHAEL/TISCHNER, WOLFGANG: Grundsätze einer jungengerechten Pädagogik, in: MATZNER, MICHAEL/TISCHNER, WOLGANG (Hgg.): Handbuch Jungen-Pädagogik, Weinheim/Basel [2]2012, 421–444.

MEYER, HILBERT: Unterrichts-Methoden. 2 Bände, Frankfurt am Main [2]1994.

TRAUB, SILKE: Unterricht kooperativ gestalten. Hinweise und Anregungen zum kooperativen Lernen in Schule, Hochschule und Lehrerbildung, Bad Heilbrunn 2004.

WAHL, DIETHELM: Lernumgebungen erfolgreich gestalten. Vom trägen Wissen zum kompetenten Handeln, Bad Heilbrunn [2]2006.

1.4 Grammatikmodelle

Vor allem in Form der Sprachlehrbücher erleben Schüler die Lehrpläne mit den ihnen zugrunde liegenden didaktischen Modellen konkret im Unterricht umgesetzt (s. Kap. 5). Doch welche Grammatikmodelle werden in diesen sichtbar? Die vergangenen 50 Jahre haben in die Unterrichtswerke und Schulgrammatiken der klassischen Sprachen eine Reihe verschiedener Modelle von „Grammatik" einziehen bzw. dort dominieren lassen (vgl. KUHLMANN 2014: 10–34):

- die traditionelle Schulgrammatik
- die historisch-vergleichende Grammatik mit dem Ziel der diachronen Spracherklärung
- die kontrastive Grammatik, die auf den synchronen Vergleich z. B. des Lateinischen mit dem Deutschen abstellt
- die syntaktisch orientierte Valenz- und Dependenzgrammatik, die vom Prädikat (Verb) als zentralem Satzelement ausgeht und Subjekt/Objekte als seine Ergänzungen betrachtet, die Adverbialia hingegen als „freie Angaben"
- die Textgrammatik, die über den Einzelsatz hinausgeht und die Funktion sprachlicher Elemente in einem größeren Textganzen berücksichtigt
- die Pragmatik, welche nun auch die kommunikative Funktion von Äußerungen im Sinne des Sprech-Handelns beachtet

Für den Lateinunterricht kann die Berücksichtigung all dieser Ansätze an den jeweiligen Stellen der Behandlung der lateinischen Grammatik relevant sein. Neuere Schulgrammatiken der letzten Jahre versuchen, die verschiedenen Aspekte miteinander zu verbinden – in der Unterrichtspraxis hat Methoden- oder Modellmonismus keinen Platz. Hinzu kommt, dass die Darstellungsformen der lateinischen Grammatik v. a. mit der des Deutschen (nach Möglichkeit auch der modernen Fremdsprachen) wenn nicht deckungsgleich, so doch wenigstens kompatibel sein müssen – ein Wirrwarr an verschiedenen Ansätzen würde den Schüler eher irritieren.

Für die syntaktische Analyse des Einzelsatzes wäre ein Satzmodell geeignet, das

- die semantisch-logischen Kategorien der Satzglieder der traditionellen Schulgrammatik mit den Vorzügen des Valenz-/Dependenzmodells verbindet,
- die Sonderrolle sowohl der Attribute (sie sind ja keine eigenen Satzglieder, sondern „Anhängsel" an die Satzglieder) herausschält und
- den logisch-semantischen Status der Adverbialia verdeutlicht (sie sind Prädikationen über den Gedanken des „Kernsatzes", syntaktisch verzichtbar).

Solch ein plastisches Satzmodell könnte für den nachstehenden Satz folgendermaßen aussehen:

Fur malus clam nocte anulum aureum domini clepit.

„Der böse Dieb stiehlt nachts heimlich den goldenen Ring des Herrn."

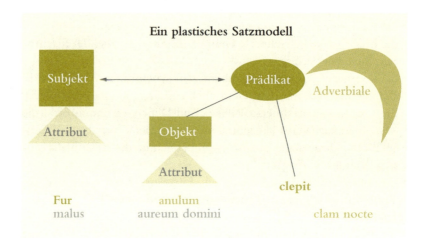

Literatur

KUHLMANN, PETER: Lateinische Grammatik unterrichten. Didaktik des lateinischen Grammatikunterrichts, Bamberg 2014, 10–34 (mit kritischen Bemerkungen zum Dependenzmodell).

2 Aufbau von Grammatikstunden

2.0 Elemente und zeitliche Aufteilung

Für die meisten Fächer, v. a. des Gymnasiums, ist folgende grobe
Aufteilung einer Stunde in drei Blöcke typisch:

1. Einstieg/Wiederholung
2. Neudurchnahme
3. Üben

Die Dauer der Blöcke variiert. In besonderen Fällen (z. B. nach Leistungskontrollen oder bei besonders wichtigem neuem Stoff) lässt sich
die Struktur verändern und man kann z. B. mit der Neudurchnahme
beginnen. Zum Aufbau von Grammatikstunden vgl. auch KÜHNE/
KUHLMANN 2015: 79-88.

2.1 Stundenbeginn und Lernzielkontrolle

2.1.1 Einstieg und Wiederholung

In allen Stunden benötigen die Schüler eine „Warming-Up"-Phase:
Sie stehen unter dem (Ein)Druck mehrerer Fächer, sind in gruppen-
dynamische Prozesse innerhalb der Klasse eingebunden, auch oft mit
vorherigen Erlebnissen beschäftigt, kurz: Sie müssen erst einmal zur
Ruhe kommen, ehe sie sich auf den neuen Unterrichtsstoff konzentrieren können.

Warming-Up ist auch im Unterricht wichtig.

Ein sanfter Einstieg in die neue Stunde ist im lateinischen Sprachunterricht mit einem Bild (z. B. via Beamer) oder einer knappen
Tafelskizze möglich, die an Bekanntes anknüpft und die Neugierde
und Phantasie der Schüler anregt, z. B. beim Thema Wortschatzarbeit
– hier zu Lekt. 19 („Auf hoher See") aus *prima, Ausgabe B*: Eine
Tafelskizze, z. B. mit einem gezeichneten Schiff, kann als Einstieg in
die Vokabelwiederholung dienen:

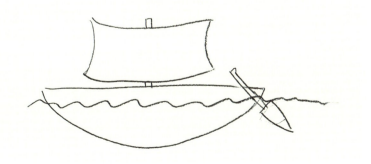

Die Schüler benennen im Anschluss die Teile der Skizze auf Latein – der neue Wortschatz enthielt u. a. *nauta, ventus, mare, unda; navis* war aus Lekt. 16 schon bekannt –, jetzt lässt sich mit ein paar lateinischen Fragen/Mini-Sätzen des Lehrers (*Quid videtis? Quid est hoc? Quis est ille?*) sogar das Lateinische zur realen Anwendung bringen (s. Kap. 8.2 zum *Latine loqui*).

Weitere methodische Möglichkeiten des Einstiegs:

- ein Textelement: ein Zitat, Fremdwort oder Element aus einer Fremdsprache zu Beginn, z. B. *VENI – VIDI – VICI* zur Wiederholung der Perfekttypen oder der Frageimpuls „Was ist eine Agenda", wenn in der Vorstunde das prädikative Gerundivum Thema war; oder als Impuls „Ihr könnt jetzt auch schon ein bisschen Italienisch: Kürzlich habe ich in einem italienischen Ristorante kurz vor Feierabend sagen hören: *finiamo!*‟ als Anknüpfung an den Hortativ (*finiamus*)
- ein kurzer Handlungsimpuls, der an die Tafel gezeichnet wird, z. B. nach der Behandlung des Jussivs: Der Lehrer löscht das Licht und ruft *„Fiat lux!"*, bis ein Schüler reagiert.
- Übersetzen kurzer lateinischer Sätze, die der Lehrer zur Schulung des Hörverständnisses entweder mündlich vorgibt oder z. B. per Beamer präsentiert

Hierzu zwei praktische Beispiele anhand von Lehrwerkslektionen:

1) *Campus, Ausgabe C*, Lekt. 16: Schwerpunkt: Morphologie und Kongruenz. Stoff der Vorstunde waren die Adjektive der a- und o-Deklination: Projiziert sind die Bilder dreier Sklaven (Syrus, Lydia, Chrysalus). Der Sprachimpuls des Lehrers sind z. B. folgende Sätzchen, die von Schülern aus der ganzen Klasse übersetzt werden sollen:

„Syrus **miser** est. Non **liber** est, sed servus."

«Syrus **pulcher** non est.»

«Syrus servus **bonus** est. **Candidus** est.»

«Etiam Lydia **libera** non est, sed **pulchra** est.»

"Lydia ex Africa venit. **Nigra** est."

2) *Campus, Ausgabe B*, Lekt. 22: Schwerpunkt: Morphologie bzw. die Formen von *velle*: Lehrerfrage zum Lektionsbild: „Was will der Kaufmann verkaufen?" Erwartete Schülerantwort: *vinum, cibum, olivas* usw. Als auditiver Lehrerimpuls können nun Sätze angeschlossen werden, die die Lerngruppe (mündlich) übersetzt:

Mercator vinum vendere vult. – Mercatores vinum vendere volunt. Nos sumus mercatores; nos vinum vendere volumus. Vos estis mercatores; vos vinum vendere vultis.

2.1.2 Mündliches Abfragen

Eine Form der Leistungskontrolle kann das mündliche Abfragen sein. Es dient v. a. einer schnellen Kontrolle über das Erreichen der Unterrichtsziele, der Wiederholung und der (mündlichen) Notenfindung.

Mündliche Abfrage: Kontrolle und Wiederholung

Berücksichtigt werden sollte nicht nur rein deklaratives Wissen im Sinne auswendig reproduzierbarer Wortgleichungen (z. B. Übersetzung von Nominativen oder Infinitiven), sondern auch funktional eingebettete Formen, die eine Semantisierung ermöglichen (z. B. durch die Übersetzung von flektierten Formen, Junkturen, kleinen Sätzen, die Erklärung von Fremdwörtern oder Begriffen aus modernen Fremdsprachen). Dies führt zu einer funktionalen Reorganisation des Gelernten, einer Übersetzungspropädeutik im Kleinen und dem sinnvollen Einbezug des Interlexikons im Lernwortschatz. Gegenstand der Kontrolle können im Sprachunterricht sein:
* der Wortschatz (neu gelernter oder als Wiederholung aufgegebener Wortschatz)
* die Grammatik der Vorstunde(n)
* die Wiederholung des in der Vorstunde übersetzten Texts bzw. der in der Vorstunde schriftlich verbesserten Übung (im Heft)

Gerade dieses Unterrichtssegment in Form einer Wiederholung des von allen im Heft Gesicherten (und ggf. Korrigierten) hat unter dem Aspekt der Habitualisierung sprachlichen Wissens einen hohen Trainingswert.

Beispiel für eine Lernkontrolle zu Wortschatz und Grammatik: *Campus, Ausgabe B*, Lekt. 17 (erstes Lernjahr): Grammatischer Stoff der Vorstunde waren die ersten Verben der konsonantischen Konjugation: *scribere, dicere, ostendere*; als Hausaufgabe war zusätzlich der Wortschatz von Lektion 11 zu wiederholen: *exspectare, habitare, venire, audire, scire, nescire; ludus, nihil, ubi*.

a) Die Kontrolle beginnt mit einer allmählichen Steigerung des Schwierigkeitgrades; Tafelanschrieb: *dic-, ostend-, sc-*.

Lehrerfragen: „Wie lauten die vollständigen Infinitive? Was bedeuten die Verben? Wie lautet dic 1. Person Singular? Wie die 1. Person Plural? Zu welcher Konjugation gehören diese Verben?"

Es folgen Handlungsanweisungen (Operatoren): „Konjugiere: *scribo* usw."

Der Lehrer schreibt nun flektierte Formen an die Tafel und lässt sie übersetzen.

Eine Steigerung der Schwierigkeit für leistungsstarke Schüler: „Ergänze die passende Form zu *dicere!*" (Lehrer beginnt mit *audire*):

„Audio, tum (dico). Audis, tum (dicis). Vos auditis, tum (dicitis). Discipuli audiunt, tum (dicunt). Audi! (Dic!)."

Die Sätze können ggf. ins Deutsche übersetzt werden.

b) Anknüpfung der neuen konsonantischen Verben an den Wortschatz der Lekt. 11; hier werden kurze Sätze, z. B. per Beamer, präsentiert. Die Schüler übersetzen:

Ubi magister habitat? Eudoxus magister in ludo habitat; discipuli ad ludum veniunt. Discipuli boni multa verba sciunt, discipuli mali multa verba nesciunt. Eudoxus verba ostendit, sed discipuli non respondent. Eudoxus: "Ego multa verba scribo. Sed cur nihil dicitis, discipuli?" Cur discipuli boni nihil dicunt, nihil respondent? Quia verba nesciunt.

Eine abwechslungsreiche und effektive Variante zur Einzelabfrage kann die **Tandemabfrage** sein:

Beispiel: Der erste Schüler übersetzt den Satz im Singular, der zweite muss die Sätze in den Plural setzen. Nach drei Sätzen kann gewechselt werden:

a) Servus **miser** est. → Servi miseri sunt.

b) Non **liber** est, sed servus. → Non liberi sunt, sed servi.

c) Magister **pulcher** est. → Magistri pulchri sunt. usw.

Oft müssen die Schüler als Teil der Abfrage zum Stundeneinstieg das in der Vorstunde übersetzte Lesestück wiederholen. Eine solche Wiederholung kann zur Festigung sprachlichen Wissens und auch zum inhaltlichen Einstieg sinnvoll sein, sollte freilich rasch vonstatten gehen.

Wiederholung der „alten" Hausaufgabe: ein Trainingseffekt!

Rollentausch Schüler – Lehrer: Schüler können selbst einen Teil der Abfrage übernehmen: Ein Schüler erhält in der Vorstunde eine Folie – für eine bestimmte Übung des Lehrbuchs, für einen Wortschatz- oder Formentest, den er selbst entwickeln muss, oder gar für die schriftliche Hausaufgabe (s. Kap. 2.1.3). In der Folgestunde übernimmt er für kurze Zeit die Rolle der Lehrkraft. Erfahrungsgemäß ist bei dieser Form des Rollentauschs die Beteiligung der restlichen Klasse besonders hoch. Am aktivsten und kreativsten wird – schon im Vorfeld – der Schüler, der den Lehrer spielen darf.

2.1.3 Verbesserung der schriftlichen Hausaufgabe

Das Zauberwort „Feedback" (zur Hattie-Studie s. Kap. 1.3.7 und Kap. 2.6) spart auch die Hausaufgaben nicht aus: Eine einfache Kontrolle der Hausaufgabe reicht erfahrungsgemäß nicht aus. Die individuelle Kontrolle durch den Lehrer muss aber die Funktion einer fördernden Beratung bei Übersetzungs-, Wortschatz- oder Formproblemen besitzen und als solche wahrgenommen werden. Dies sollte gerade bei leistungsschwächeren Schülern so oft wie möglich geschehen.

Einzelkontrolle

Nützliche Verfahren sind etwa: Heftkorrektur mit Fehleranalyse und Tipps für die Verbesserung der individuellen Leistungen, ggf. mit Sonderübungen (in den Anfangsklassen des Sprachunterrichts am besten die Hefte der Schüler möglichst häufig einsammeln und zu Hause kontrollieren); schlichtes Abhaken (als Nachweis dafür, dass die Lehrkraft das Heft eingesehen hat) genügt nicht; individuelle Beratung während der Verbesserung der Hausaufgabe – sei es während der Schülerpräsentation (s. Kap. 1.3.1.2) oder während sich ggf. die jeweiligen Schülertandems gegenseitig daraufhin überprüfen, ob sie die (z. B. an der Tafel, auf Folie, am Whiteboard oder auch mündlich) erarbeiteten Verbesserungen der Hausaufgabe richtig in ihr Heft übernommen haben; durch Einzel- oder Gruppenberatung a priori (vor Beginn der Stunde) oder a posteriori (in Freiphasen nach der Stunde). Diese Phase des „Hausaufgabenfeedbacks" stellt jedenfalls ein wichtiges Element des Lernerfolgs dar.

Feedback bei den Hausaufgaben: eine Basis für den Erfolg

Im Lateinunterricht bestehen Hausaufgaben häufig aus Lehrbuchübungen oder der Übersetzung von Lektionstext-Passagen. Kurze Vorfragen zu schwierigen Teilen dieser schriftlichen Hausaufgabe können die Spracharbeit entlasten und Gelegenheit geben, Unsicherheiten auszuräumen. Wenn bei jedem Satz ein anderer Schüler übersetzen muss, haben möglichst viele Schüler die Gelegenheit, ihre Leistungen zu präsentieren. Unter Umständen kann eine Musterübersetzung (z. B. per Beamer) vorgegeben werden, um sicherzustellen, dass die Schüler korrekt mitverbessern oder nacharbeiten können. Dieser Teil der Hausaufgabenbesprechung sollte freilich nur einen kleineren Teil der Unterrichtszeit einnehmen, damit genug Zeit bleibt, gemeinsam den neuen Stoff zu erarbeiten und einzuüben.

Wert der Musterübersetzung

2.2 Erarbeitung neuer Grammatik

2.2.1 Grundlagen

Neudurch-
nahme als
Kern einer
Stunde

Während der Spracherwerbsphase steht häufig die Neudurchnahme von Grammatik oder Wortschatz im Zentrum. Für die Methode, die in der Phase der Neudurchnahme angewandt wird, sind folgende Parameter entscheidend:

- die **Anschaulichkeit** (Verwendung von Bildmaterial, auch Einbeziehung von Bildern aus dem Lehrbuch, Tafelskizzen, realen Gegenständen wie z. B. Schreibtäfelchen)
- die Entscheidung für das Lernverfahren der **Induktion** (selbsttätiges Erschließen sprachlicher Regeln durch die Schüler) oder **Deduktion** (Instruktion/Vorführen durch die Lehrkraft)
- die Entscheidung über die Auswahl bzw. Anordnung der Stoffgegenstände: **horizontal** oder **vertikal**?
- die Berücksichtigung der **pragmatischen Dimension** (wird Latein auch als gesprochene Sprache verwendet oder nur als Objektsprache, über die mittels der Objektsprache Deutsch geredet wird?) Während die Entscheidung über Horizontalität oder Vertikalität – s. Kap. 5.2 – gewöhnlich von den Lehrbüchern im Voraus getroffen und der Lehrkraft im Grunde abgenommen wird, hat sie über die Frage „Induktion oder Deduktion", die Auswahl der Medien (→ Anschaulichkeit) und die pragmatische Dimension selbst zu entscheiden.

Induktion:
Entdecken
durch Schüler

Induktion vs. Deduktion: Beim **induktiven Verfahren** (dem **entdeckenden Lernen**) kommt der Schüler als Agens des Lernprozesses stärker zum Zuge: Er erschließt aus vorgegebenem Material die dahinter liegende Regel – eine Wortbedeutung, die Bildung bzw. Funktion einer Form oder die Funktion/Bedeutung einer syntaktischen Regel.

Deduktion:
Anleitung
durch Lehrer

Die **Deduktion** kommt der Instruktion durch den Lehrer gleich; hier lernen die Schüler die Regel von Anfang an, durch den Lehrer geleitet. Dieses Verfahren spart – scheinbar – Zeit innerhalb der ersten Phase des Unterrichts, weil die zeitaufwendigere Phase des Entdeckens ausgeblendet ist; die Deduktion führt aber häufig dazu, dass hinterher mehr geübt werden muss und für die Schüler Fragen offen bleiben, da sie in den Prozess der Regelbildung bzw. -entdeckung nicht einbezogen waren (insgesamt zu Induktion/Deduktion KÜHNE/KUHLMANN 2015: 27–39; KUHLMANN 2014: 52–54; GWIASDA 2014; KEIP 2010: 35–65).

Schließlich lässt sich neue Grammatik auch **zweisprachig** einführen, d. h. mit einem lateinischen Text und dessen deutscher Übersetzung. Die Schüler müssen dann die sprachlichen Strukturen beider Versionen vergleichen und daraus die neuen Formen und entsprechenden Regeln ableiten. Bei diesem Verfahren brauchen sie nicht die mutmaßliche Bedeutung bzw. Übersetzung der neuen grammatikalischen Formen zu erraten. Das Verfahren verwendet FRIEDRICH MAIER in seinem für spätbeginnendes Latein konzipierten Lehrwerk *STATIO* (Ovid-Verlag). Zum Verfahren selbst und seinen didaktischen Vorteilen ausführlich KLISCHKA 2014.

2.2.2 Beispiele zu induktivem und deduktivem Vorgehen

Die verschiedenen methodischen Varianten seien an vier Stoffbeispielen gezeigt, nämlich an

- der Behandlung der Adjektive der a-/o-Deklination anhand des Lehrbuchs, und zwar anhand von kurzen Einführungssätzen („E-Stück") und aus dem Lesestück der Lektion selbst;
- der Durchnahme der Formen von *velle* unter Einbeziehung echter Sprechakte;
- einer Mischform: der Einführung eines neuen morphosyntaktischen Phänomens – des Gerundiums – unabhängig vom Lehrbuch; Medium/Methode: induktiv anhand von Tafel und in Form des Unterrichtsgesprächs, in das sich Elemente des *Latine loqui* mischen; alternativ dazu wird auch die deduktive Methode vorgestellt;
- der Behandlung des Präsens Passiv unter Einbeziehung eines Sprachlehrfilms.

2.2.2.1 Kongruenz der Substantive und Adjektive (a-/o-Deklination) mit dem Lehrbuch (Campus, Ausgabe C, Lekt. 14)

Stoffanalyse: Die a- und o-Deklinaton ist durch die ersten Kapitel des Lehrbuchs bekannt; neu ist das Phänomen der Kongruenz, sowohl in attributiver wie auch in prädikativer Verwendung.

Vorgeschichte (Handlung der Lektion 13): Titus, Paulus und der Sklave Eudoxus sind mit den gleichaltrigen Mädchen Iulia und Cornelia auf das Forum Iulium gegangen und spielen dort „Fliegen fangen"; das Spiel ist vergleichbar mit unserem „Blinde-Kuh-Spiel".

Lektion 14 führt das Phänomen Adjektiv mit einleitenden Sätzen (E, Satz 1–6) vor; gestützt wird die sprachliche Einführung durch die beigegebene Zeichnung.

Buchanalyse: Das Kapitel behandelt zunächst das attributive Adjektiv (E 1–5 bzw. Lesestück Z. 1–9) incl. *magnus* und *multi* (mit ihrer spezifischen Stellung vor dem Substantiv); im zweiten Teil folgt die prädikative Verwendung (E 6 bzw. Lesestück Z. 10–13). Die neuen Wörter bzw. Erscheinungen sind im Folgenden fett gedruckt.

Variante 1 a): Induktive Erarbeitung anhand der Einführungssätze („E-Stück") zu Kap. 14:

1. Ludus **novus** Tito placet.
Ludi **novi** Tito placent.
2. Titus ludum **novum** (ludos **novos**) amat.
3. Templum **novum** Tito placet.
4. **Multa** templa Tito placent.
5. In foro **Romano magna** templa videmus.
6. Templum Saturni **magnum est**.
Multa templa magna sunt.

Die Zeichnung zeigt Titus auf den Stufen der Basilica Iulia vor einem neuen Spiel, das im Vortext noch nicht thematisiert worden war und sich vom vorher beschriebenen „Fliegenfängerspiel" evident unterscheidet. Das Interesse des Titus wird bereits aus seiner Mimik und Körperhaltung deutlich. Aus dem Kontext wird klar, dass das Mühle-Spiel, in das Titus vertieft ist, für ihn neu ist. Mit dem ersten Adjektiv *novus* ist das Thema vorgegeben; der Anklang von lat. *novus* an dt. „neu" erleichtert die Erfassung der Bedeutung.

Aus Satz 1 lassen sich erschließen:
• Das Adjektiv gleicht sich in Kasus, Numerus und Genus dem Substantiv an (die naheliegende Idee, dass es sich immer auch um die gleiche Endung handle, muss ggf. bis zur Einführung der konsonantischen Deklination aufgeschoben werden).
• Das Adjektiv steht oft nach dem Substantiv (außer *multi, magnus*).
• Die Verwendung als Prädikatsnomen ergibt sich aus den beiden Sätzen in E 6, am deutlichsten in *Multa templa <u>magna</u> sunt*: „Viele Tempel sind <u>groß</u>." (statt „große").

Ehe ein Tafelbild die erarbeiteten Phänomene bzw. Regeln festhält, wird kurz geübt; dazu eignet sich eine der beiden Übungen a) oder b), die erste nur zum Einsetzen der passenden Endungen, die zweite, ein wenig komplexere, verbindet die Kombination der möglichen, zusammengehörenden Ausdrücke mit der Übersetzung. Hier könnte die Lehrkraft auch schon differenzieren und leistungsstärkere Schüler gleich auf die Übung b) verweisen.

| a) Endung gut – alles gut. Ergänze richtig:

aedificium nov[?] – amicus nov[?] – consilia nov[?] – dei nov[?] – mensae nov[?] – mensa nov[?] – magn[?] murus – magn[?] templa – magn[?] laetitia – mult[?] ornamenta – mult[?] filiae – mult[?] vici – mult[?] verba | b) Wer passt zu wem? Bilde aus jeweils zwei verschieden farbigen Zetteln acht sinnvolle lateinische Wendungen und über setze:

 |

Sozialformen: Die Einzelphänomene können im Unterrichtsgespräch zwischen Lehrkraft und Lerngruppe erarbeitet werden, sie lassen sich aber wegen der schrittweisen Anlage des E-Stücks auch in Partnerarbeit erschließen. Ggf. hält ein **Tafelbild** das Neue fest:

- Das Adjektiv ist in **K**asus, **N**umerus und **G**enus dem Substantiv gleich
  → **Kong**ruenz: ludus novus, ludi novi.
- Das gilt auch in Verbindung mit esse:
  Ludus novus est: Das Spiel ist neu.
- Das Adjektiv steht oft nach dem Substantiv.

Variante 1 b): Erarbeitung aus dem Lesestück selbst (induktiv)
Der Text des Lesestücks ist in *Campus*, Lekt. 14 ebenfalls zweigeteilt und entspricht dem Aufbau des E-Stücks: In der ersten Hälfte wird das attributive Adjektiv vorgestellt, in der zweiten (Z. 10–12) das Adjektiv als Prädikatsnomen.

Der Text wird durch einen Vorspann vorentlastet, den neuen Stoff enthalten die Zeilen 4–9. Die neuen Wörter aus dem Lernwortschatz in Z. 1–9 sind: *imperium* (vielen durch den Ausdruck *Imperium Romanum* bekannt), *novus*, *-que*, *multus/multi*, *de* m. Abl., *cuncti*, *Romanus*, *bonus*, *magnus*, *tuus* und *ut*, auch *laudare*.

Die Schüler suchen die Adjektive heraus und bestimmen anhand der Endungen die Bezüge zu den Substantiven. An der Tafel werden die neuen Adjektive in einer eigenen Spalte notiert; *-que, de, ut* und *laudare* ggf. separat. Auch hier lässt sich der neue Grammatikstoff in einer ähnlichen Tafelskizze wie oben festhalten.

> Plötzlich ertönt aus der Ferne Lärm: Menschen strömen auf das Forum Julium. Die Kinder sind nicht mehr zurückzuhalten, Eudoxus geht knurrend mit.
>
> Paulus: „Videte! Chrysogonus venalicius[1] cum servis venit.
> Servi Chrysogoni e provinciis imperii sunt."
>
> Schon hören die Kinder die Stimme des Sklavenhändlers: „Hīc sunt servi novi et servae novae! Servos novos servasque novas habeo! Multos servos vobis
> 5 Chrysogonus praebet! Veniunt de cunctis provinciis imperii Romani! Servos bonos vobis praebeo! Videtisne magna bracchia[2] servorum? Servi novi laborant ut equi!"
> Paulus venalicium rogat: „Laudas servos tuos. Sed narra nobis: Cur taces pretia servorum tuorum, Chrysogone? Narra nobis de pretiis!"
> 10 Venalicius: „Servi mei boni sunt. Etiam pretia mea bona sunt, magna non sunt; cunctis Romanis placent. Pretium servorum meorum parvum est."
> Paulus: „Scilicet[3] pretia tua parva sunt: Nam parvos servos habes."
> Nunc cuncti Romani et servi rident.

Der **Vorteil** dieses Vorgehens: Es wird frühzeitig großflächiges Lesen bzw. zügiges Übersetzen und Erschließen trainiert. Die Schüler kommen rasch in der Handlung der Story weiter; das Stück lässt sich durch die Szene des Sklavenmarkts sehr anschaulich vortragen, wenn der Lehrer mit Stimme und Mimik/Gestik lebendig zu spielen versteht.

Die **Nachteile**: Die Erarbeitung des neuen Stoffs benötigt mehr Zeit als mit den Einführungssätzen E 1–6, da ein großes Textstück zu bewältigen ist; die Schüler werden von Anfang an zu einem vielschichtigen, komplexen Denken und Arbeiten gezwungen, was für nicht wenige eine große Herausforderung, für einige sogar eine Überforderung darstellt (zum Problem gut WAIBLINGER 2008).

2.2.2.2 Einführung des Gerundiums anhand von Tafel und Unterrichtsgespräch

Mischform des Unterrichts- gesprächs: Latein und Deutsch und Bild mischen

Eine andere Variante bietet das mit Latein und Deutsch gemischte Unterrichtsgespräch; es verknüpft (simuliertes) Sprechhandeln mit Erschließung und anschaulichem Tafelgebrauch und eignet sich besonders dazu, bei denjenigen Phänomenen der lateinischen Grammatik eingesetzt zu werden, in denen das Lateinische typologisch vom Deutschen weiter entfernt ist; exemplarisch wird dies anhand des Gerundiums vorgeführt. Hier werden die lateinischen Sätze sofort von den Schülern übersetzt, wie beim Einsatz des Lehrbuchs.

Lexikalische Vorgabe: Substantiv *ars*, „Kunst" sei bekannt, *navis*, „Schiff" wird, falls nicht bekannt, durch die Skizze – s.u. – eingeführt; statt *navis* kann auch ein anderes Substantiv für ein Objekt gewählt werden. Die Adjektive *facilis* und/oder *difficilis* und PPP *natus, a, um* sollten ebenfalls bekannt sein. Das Verb *pingere* macht der Lehrer mit der Kreide vor, er kann es auch mit englisch „to paint" stützen.

Variante 1: Induktion und Unterrichtsgespräch

Unterrichtsverlauf	Gesprochener Text (Beispiel)
Lehrer zeichnet ein Schiff auf die rechte Seite der Tafel. Ggf. schreibt er darunter: *navis, is* f.	*Pingere ars est.*
Lehrer schreibt den Satz neben die Skizze.	
Schüler übersetzen den Satz ins Deutsche.	
Lehrer schreibt die weiteren Sätze darunter, die jeweils übersetzt werden.	*Ars **pingendi** difficilis est.* die Kunst des Lesens, die Kunst zu lesen
	*Sed ego **ad pingendum** natus non sum.*
Es wird erschlossen, dass es sich bei den Formen von *pingendi*, *pingendo* und *ad pingendum* um den deklinierten Infinitiv handelt. Dies wird an der Tafel festgehalten.	

Variante 2: Deduktion und Hefteintrag
Beim deduktiven Verfahren gibt die Lehrkraft die Regeln zu einem Grammatikphänonem selbst vor. Deduktive Verfahren bieten sich an

bei geringer Stundenzahl oder guten Vorkenntnissen der Lernenden in anderen Fremdsprachen (z. B. bei spätbeginnendem Latein). Deduktion kann aber auch eine sinnvolle Herangehensweise bei sehr komplexen Grammatikphänomenen wie etwa den Partizipialkonstruktionen sein.

Bei der deduktiven Neudurchnahme des Gerundiums könnte so vorgegangen werden: Parallel zur Tafelanschrift wird das erste Beispiel (*ars legendi*) ins Heft diktiert, die neue Regel auf die drei folgenden Beispiele übertragen und dann zur Übungsphase übergegangen:

Das Gerundium
Das Gerundium ist der **deklinierte Infinitiv,** es wird mit dem Suffix **-nd-** gebildet:

ars lege-nd-i	die Kunst des Lesens
ad audie-nd-um	zum Hören
in scribe-nd-o	beim Schreiben
in munie-nd-o (Abl.)	beim Befestigen

Der relative Zeitgewinn, der durch dieses Verfahren „erwirtschaftet" wird, kann trügerisch sein:
• Der Erkenntnisgewinn, den das selbständige – durchaus auch langsamere – Entdecken innerhalb des Klassenverbandes erbringt, entfällt.
• Die Schüler werden zu eher passiven Rezipienten und müssen sich dem Vortragstempo des Lehrenden anpassen.
Gerade schwächere Schüler können je nach Anlage der Instruktion vom Verstehensprozess abgehängt werden, sofern sie direkt mitschreiben müssen. Der Akt des Abschreibens belastet das Arbeitsgedächtnis zusätzlich und ersetzt hier die Erarbeitung selbst; die prägende Wirkung des Lernprozesses ist verschenkt, erhöhter Übungsbedarf kann die Folge sein. Insofern empfiehlt sich bei einem solchen Vorgehen, den Schülern zunächst Gelegenheit zu geben, ohne Mitschrift den Erklärungen zu folgen.

2.2.2.3 Einbeziehung echter Sprechakte: die Formen von velle

Mut zum lateinischen Sprechakt

Eine weitere Variante ist der nur selten praktizierte Ansatz, lateinische Grammatik anhand gesprochener Sprache aus dem Unterrichtsgespräch heraus zu entwickeln (insgesamt dazu BETHLEHEM 2015). Dies kann unabhängig vom Lehrbuch (z. B. als Ersatz der

Einführungssätze eines Lehrwerks) geschehen. Die grammatikalischen Formen werden als Dialog zwischen Lehrkraft und Lerngruppe präsentiert.

Grammatikalische/lexikalische Vorgabe: Die Verben *bibere* und *cupere*, die Präposition *de* m. Abl. sowie das Adverb *hodie* sind bereits bekannt. Für häufigeres *Latine loqui* empfiehlt sich auch die frühzeitige Einführung von Gen. Pl. *vestrum*, „von euch".

Dramaturgische Vorgabe: Lehrkraft und Schüler haben eine Trinkflasche dabei.

Regiebemerkungen	Gesprochener Text (Beispiel)
Lehrer hebt seine Trinkflasche hoch und schreibt das Wort *ampulla* auf eine Seitentafel.	*Haec est ampulla.* *De hac ampulla aquam bibo.*
	Hodie aquam bibere cupio.
Lehrer nimmt einen Schluck aus der mitgebrachten Wasserflasche.	*Hodie aquam bibere volo.*
Lehrer schreibt die Form *volo* an die Tafel.	*Quis (vestrum) aquam bibere vult?*
Lehrer schreibt die Form *vult* an.	
Einige Schüler werden das Gleiche tun wie der Lehrer:	*Ah: Iohanna et Marcus bibere volunt.*
Lehrer schreibt *volunt* in die Spalte neben *vult*.	
Lehrer wendet sich an einen Schüler, der noch zögert, und animiert ihn zum Trinken.	*Nonne et tu, Petre, bibere vis?*
Lehrer animiert Peter zur Antwort:	*Bibere volo.*
Lehrer schreibt *vis* und *vultis* an.	*Nonne et vos, Susanna et Miriam, bibere vultis?*
Lehrer animiert Susanna und Miriam zur Antwort:	*Bibere volumus.* oder: *Volumus.*
Lehrer schreibt über das Paradigma von *volo – volunt* als Überschrift *velle*.	

Regiebemerkungen	Gesprochener Text (Beispiel)
Der Dialog kippt ins Deutsche:	Was heißt dann *velle*?
Lehrer schreibt neben *velle* die Übersetzung „wollen".	

Übungen aus dem Buch zur Festigung von *velle*, ggf. weitere Sprachspielereien als Transfer und Lernkontrolle (z. B. mit *scribere, ridere, cantare*) schließen sich an.

Die Tafelanschrift und der Blick auf die Konjugationstabelle im Buch sichern abschließend das Paradigma.

2.2.2.4 Erarbeitung des Präsens Passiv anhand eines Sprachlehrfilms

Film als Extrem der Anschaulichkeit der lateinischen Sprachverwendung

Eine zusätzliche, höchst anschauliche Variante bietet das Medium Film, für das seit 2005 ein ausschließlich auf Lateinisch gedrehter Sprachlehrfilm (*Armilla*, Bamberg 2005) vorliegt.

Der Film lässt sich auch unabhängig vom Lehrbuch, als Ergänzung oder Abwechslung dazu, einsetzen, bietet also eine auch methodisch ansprechende Alternative zu herkömmlichen Lehrwerken und zum gewohnten Lateinunterricht; die durchgängige Methode ist die des **in**duktiven Erschließens, die Formen werden horizontal angeboten und anhand von *vexare, torquere* und *conficere* konkretisiert.

Der Kontext des Abenteuers: Vier junge Pfadfinder – Dieter aus Deutschland (Di.), Estella aus Spanien (Es.), Florence aus Frankreich (Fl.) und Isabella (Is.) aus Italien – sind mit ihrem römischen Freund Titus (Ti.), der sich in Isabella verliebt hat, auf dem Weg von Rom nach Norden; auf der Reise, die zu einer Hitzestrapaze gerät, hat Isabella eine Vision des Gottes Merkur (Me.), der ihr das nächste Reiseziel vorgibt: Veldidena (Innsbruck); ihre britische Freundin Georgia ist unterwegs zurückgeblieben.

23: Fußreise bei Hitze – Ankunft in Veldidena

Di.	Ite lente, amici! Georgia ire non iam potest! Iam remansit!
Me.	Isabella! Isabella! Isabella!
Ti.	Quid est tibi, Dieter? Valesne bene? Quid te vexat? Num quid te torquet?
Di.	Quid me vexat? Calor ingens me torquet, me conficit. Iste calor intolerabilis est. Hoc calore **vexor**, intellegisne? Calore **torqueor**, **conficior**! Tantum Romani hoc calore non **conficiuntur**.
Is.	Non tu solus vexa-, **vexa**-ris et cónfice-, **conficeris**, sed nos omnes. Nos omnes sole vexa-, **vexamur**, et cónfici-, **conficimur**.
Fl.	Solus Titus, puto, calore non **conficitur**.
Es.	Non calore, sed amore.
Ti.	Qua re? Qua re?
Es.	Amore!
Ti.	Scitisne id? Qua re vos **conficimini**? – Invidia.

Methodisch entspricht das Abspielen des Filmausschnitts (der ersten Hälfte von Szene 23) dem Einsatz des E-Stücks incl. der Abbildung aus dem Lehrbuch (s. o.); an die Stelle des Lesens und Übersetzens treten hier:
• das Betrachten des Films
• das intuitive Verstehen sprachlicher Informationen
• die semantische Verknüpfung von Bild- und Sprachinformationen
• die Entwicklung von Hypothesen über den Verlauf der Handlung und den sprachlich-dramatischen Gehalt
Daran erst schließen sich die grammatische Systematisierung (Sammlung der Formen, Erstellung eines Paradigmas, wie oben) und die Übersetzung des kleinen Textes an. Zeitliche Dauer dieses Vorgehens: Ca. 20 Minuten incl. einer Tafelskizze.

Da die Formen in diesem Film horizontal (s. Kap. 5.2.2) und nicht nach Konjugationen getrennt geboten werden, sind intensive Übungen erforderlich, d. h., bei diesem sehr anschaulichen und speziell für jüngere Schüler motivierenden Ansatz wird mehr Zeit für Neudurchnahme und Übung benötigt als bei einer vergleichbaren Grammatikeinführung mit einem gedruckten Text: Hier unterscheiden sich auditiv rezipiertes und bereits in Schriftform vorliegendes Sprachmedium deutlich.

2.3 Einübung

Üben ist die beste Investition zur Anlage von Kompetenzen.

Zur Theorie und den Formen des Übens bietet JÜRGEN STEINHILBER (1986) dic Grundlagen (5); vgl. auch KÜHNE/KUHLMANN 2015: 39–44; KUHLMANN 2014: 142–152; SCHOLZ 2010. Hans Werner HEYMANN (Pädagogik 11/2005, 7) definiert Üben als „alle eigenen Aktivitäten, die mir helfen, neu aufgenommene Informationen, neu erkannte Zusammenhänge und im Prinzip erfasste Abfolgen von Denk- und Handlungsschritten auf eine Weise präsent zu machen, dass ich über sie in Situationen, in denen ich sie brauche, möglichst problemlos verfügen kann."

Einige wesentliche Grundprinzipien des Übens:
- zentrale Kompetenzen üben (Übungen müssen im Sprachunterricht Wörter und Formen semantisieren und das richtige Textverstehen sowie Übersetzen unterstützen)
- kein gedankenlos mechanisches Üben (Variation und Steigerung)
- vom Einfachen zum Komplexen (erst teilautomatisierte Einzelfertigkeiten schaffen ein komplexes mentales Netzwerk)
- Anbindung an vorhandenes Wissen (partielle Analogie)
- Transparenz (Lernende und Lehrende müssen klar erkennen, was sie zu welchem Zweck üben)
- Notwendigkeit eines unmittelbaren Feedbacks: Üben wird wirksamer, wenn unmittelbare Rückmeldungen darüber erfolgen.

Die rechtzeitige Investition in sorgfältiges Üben führt dazu, dass das Gelernte schneller verfügbar ist, also auch wirklich „erworben" wird, und bringt letztlich Zeitersparnis für den weiteren Verlauf des Lateinunterrichts insgesamt (HEYMANN, a. O., 8).

Nicht jede Lateinstunde weist eine klassische „Neudurchnahme" auf, vielmehr finden sich auch reine „Übungsstunden". In ihnen kommt dem Wechsel der Sozialform – neben der Variation in der Übungsform – eine größere Bedeutung zu als in der normalen Stunde, von der wir hier ausgehen.

2.3.1 Formen und Beispiele

Innerhalb des Kompetenzmodells (s. Kap. 1.1) kommt den sog. „Operatoren" eine wichtige Bedeutung zu. Unter Operatoren versteht man in diesem Zusammenhang Handlungsprädikate, z. B. „auswählen" oder „erklären", die

- die gewünschte Tätigkeit der Schüler bestimmen und
- auf verschiedenen Anforderungs- bzw. Schwierigkeitsebenen anzusiedeln sind (z. B. ist das schlichte „Auswählen" einfacher als das Vergleichen, Erörtern oder Interpretieren).

De facto geben die Operatoren die erstrebten Kompetenzen wieder. Die vorgestellten Übungen steigern sich im Schwierigkeitsgrad entsprechend den Graden der Taxonomie (eine ausführliche Zusammenstellung, ohne Beispiele, bei SCHEIBMAYR 2013: 32–35):

- Reorganisation z. B. stellt die Kompetenzform BENENNEN dar.
- Einfacher Transfer liegt vor bei ZUORDNEN, BESTIMMEN und UMFORMEN.
- V. a. AUSSCHEIDEN oder ÜBERSETZEN zielt auf gehobenen Transfer oder Problemlösung.

Die Aufgaben, die durch höherwertige Operatoren bestimmt sind, eignen sich auch gut zur Binnendifferenzierung und Förderung der Leistungsstärkeren.

Hier werden exemplarisch Übungsformen besprochen, die in aktuellen Lateinwerken gängig sind.

Übungstyp/ Operator	Detail	Beispiel
Benennen	metasprachliche Fragen	die Wortart von *ludis, estis, audis, dolis, ventis, cenis, auditis, venitis …*
Bestimmen	Kasus Konjugationsklasse Wortarten	*templa, viae, vici, avo, dominos, doni …* *faciebat, trahebamus, portabas, delebant* *vicis – vincis – victoriam – veniam – vix*
Zuordnen	grammatisch passende Einheiten	*ante, ex, cum, post, ad, sine* zu den Kasuskisten AKKUSATIV/ABLATIV
	Teile von Sätzen zu Satzresten	*Aurelia Flaviam videt. – Nuntius venit. – Amicae de oppido omnia scire cupiunt: qui amicos amat – cui donum miserat – cuius templa clara sunt …*
	semantisch passende Wörter, z. B. Gebäude und Orte	*consilium, patria, templa, fora, serva, via, villa, campi, tabulae, vicus*

Übungstyp/ Operator	Detail	Beispiel
Sortieren	Wörter bzw. Formen nach bestimmten Kategorien ordnen	Sortiere nach dem Kasus, der auf die Präposition folgt: *ab – ad – sine – propter – cum – ante – ex – post* ...
Ergänzen (aktive Sprachkompetenz!)	Buchstabenlücken	Futurformen: *vide*☐☐*tis*, *saluta*☐☐*mus* ...
	Endungen	*maritus cel*☐☐, *epistula trist*☐☐ ...
	Wörter	*solus – solius –* ☐☐☐☐ *– solum – solo*
	Lücken im Satz	*Rhenus fluvius* ☐☐☐☐☐ *est quam Moenus.*
Zerlegen	Wörter in Bestandteile	*portabant – veniebamus – legunt*
	Wortschlangen in Einzelwörter	*eriteriserimutserunterimus*
Bilden (aktive Sprachkompetenz!)	Deklination: Klassisches Deklinieren	Führe durch alle Kasus: *servus* ...
	Deklination: „Formenschlange"	*homo* → Dat. → Pl. → Akk. Sg. ... *ea navis* → Abl. → Pl. → Dat. → Sg. ...
	Konjugation	a) Führe durch alle Tempora: *amo* ... b) Bilde neue Formen mit dem Tempuszeichen *-eba-* und den (vorgegebenen) Endungen: *audi – bib – aspici – duc –* veni- und ☐*-mus –* ☐*-tis –* ☐*-nt –* ☐*-m –* ☐*-s –* ☐*-t*
Umformen bzw. Wechseln (aktive Sprachkompetenz!)	Kasus	Setze in den Genitiv: *dominus, serva* ...
	Numerus	Setze in den Plural: *... dominus, templum* ...
	Tempus	Setze ins Perfekt: *laudo, comples, portat* ...
	Person	Setze in die 2. Person: *venio, sum, portat* ...
	Diathese	Setze ins Passiv: *moneo, rapiunt*

Übungstyp/ Operator	Detail	Beispiel
Einsetzen	passende Formen aus vorgegebener Menge	Setze ein passendes Pronomen ein: *se – secum – suos* in: *Avus ☐ deliberavit.* *Quando ☐ videre poterit?*
Auswählen	passende Formen einer Kategorie	Suche alle Futurformen: *liberabunt – liberabant – liberas – scribis – … –*
Suchen	Komposita zum Verbum simplex	*currere – venire – esse*
	Antonyme	*bonus – dominus – caelum – victoria*
	Synonyme	*domus*
	Wörter aus einem bestimmten Wortfeld	Gib Substantive zum Themenbereich Essen/Trinken an.

Manche Übungen kombinieren Aufgabenstellungen aus diesen „Reinformen", z. B.

Ergänzen und Übersetzen (aktive Sprachkompetenz!)	Ergänze im richtigen Kasus und übersetze:	*In amphitheatro saepe magnam (pars) Pompeianorum aspicimus.*
Unterscheiden und Übersetzen	Gleiche Ausgänge, die unterschiedliche Herkunft haben	*-is* ist nicht gleich *-is*: Unterscheide Substantive von Verben und übersetze: *ludis – estis – audis – dolis – cibis – paratis – pugnis – pugnabis*

Einige der hier angegebenen Aufgabenformate und Operatoren gehen über die rezeptive Sprachkompetenz hinaus und erfordern eine aktive Sprachbeherrschung (Endungen ergänzen, Formen bilden und umformen); sie üben auch nicht unbedingt die Semantisierung der Formen oder das Textverstehen. Besonders ineffizient und ungünstig ist im Sinne des rezeptiven Sprachverstehens und der Formensemantisierung die sog. „Formenschlange". Daher sind diese Formate mit guten Gründen in einigen Bundesländern wie etwa NRW nicht

(In)effiziente Übungsformate

mehr vorgesehen und können auch nicht als Bestandteil von Minimalstandards für den Lateinunterricht definiert werden. Auf der anderen Seite können sie aber zur Binnendifferenzierung als Herausforderung für leistungsstarke Schüler eingesetzt werden (zum Problem KUHLMANN 2014: 148–152).

Fast alle Übungen ermöglichen auch einen Wechsel der Sozialform (knapp dazu STEINHILBER a. O.: 41 f.):

• Partnerübungen: Zwei Schüler einer Bank teilen sich die Arbeit an einer Übung. Z. B. *prima.nova*, 42, Aufgabe F: „Konjugiere mit deinem Banknachbarn: *audio et curro – sum et sto – …*"

• Tandemübungen: Zwei Schüler haben zum gleichen Gegenstand jeweils in der linken Spalte einer Zeile eine Aufgabe für sich selbst und in der rechten Spalte der nächsten Zeile die Lösung einer Aufgabe, die der Nachbar bearbeiten muss. So können sich die beiden Schüler gegenseitig kontrollieren. Diese Sozialform ist sehr beliebt und erlaubt binnen kurzer Zeit einen hohen Übungsanteil pro Schüler. Z. B. eine Wortschatzübung zu *prima B*, Lektion 1 und 2:

Partner A:

das Pferd	
	equi
er schweigt	
	tacent
steh auf!	
	surgite!

Partner B :

	equus
die Pferde	
	tacet
sie schweigen	
	surge!
steht auf!	

Daneben lässt sich auch das Element des Wettbewerbs einbringen:

Dies gilt bei Partnerübungen z.B. für die Trefferquote (Wer hat die meisten „Richtigen?") oder für die Geschwindigkeit, z.B.: „Wettdeklinieren: Führe *servus*, *villa*, *templum* durch alle Kasus: Wer ist am ehesten fertig?"

Solche spielerischen Übungen und Wettbewerbe mögen motivierend sein, allerdings trainieren sie nur den reinen Formenbestand auf einer deklarativen Ebene; die eigentliche Semantik der Formen bleibt hier unberücksichtigt und muss entsprechend zusätzlich geübt werden. Der oben angeführte Tandembogen übt dagegen auch die Bedeutungen grammatikalischer Formen und ihre jeweilige Übersetzung ein.

2.3.2 Abfolge der Übungen

Innerhalb der Stunde lässt sich die Anforderungsstufe der Übungen schrittweise anheben.

Die Aufgaben, die eine aktive Sprachproduktion erfordern, wie die Umformung einer Wortform in eine andere grammatische Dimension (Singular → Plural), festigen den Formenbestand auf einer deklarativen Ebene. Wenn sie mit einer Rekodierung verbunden werden, können sie auch als Übersetzungstraining im Rahmen der Textkompetenz nützlich sein. Zeitsparender sind Zuordnungsübungen, z.B. mit vorgegebenen Wortspeichern (dt. und lat. Formen).

Beispiel: Formentraining zum Präsensstamm von *velle*.

1. Übung: Wähle die Formen von *velle* aus (*volare* und *violare* seien ebenfalls bekannt): *volare, volam, vix, vis, violas, vicis, vultis, volatis, violatis* usw.

2. Übung: Bestimme die Formen von *velle* nach Person, Numerus und Tempus (Beispiel: *laudabam*: 1. Pers. Sing. Imperfekt): *volumus, volebamus, voletis, volunt, volebas, vis* usw.

3. Übung: Übersetze die Formen ins Deutsche.

Als Alternative ist eine Zuordnungsübung denkbar:

Ordne die passenden Formen einander zu:	
vis	ich will
volumus	sie wollten
volebant	wir wollen
volo	du willst
...	

4. Übung (fakultativ): Forme die folgenden Aussagen in Wünsche um und übersetze; dazu benötigst du die Infinitive.

Beispiel: *ceno → cenare volo*

mones – vendo   bibunt – tacemus – ducis – adsum

5. Übung: Eine echte Übersetzung ganzer Sätze, ggf. eines zusammenhängenden Übungs- oder Lesetextes, wird sich anschließen.

2.4 Grammatikeinführung und die Übersetzung zusammenhängender Texte

Die wesentliche Übersetzung im Rahmen des Sprachunterrichts erfolgt bei den Lesestücken. Je nachdem, ob der neue Grammatikstoff anhand des Lesestücks erarbeitet wird oder – wie oben vorgestellt – mit Einführungssätzen, unterscheidet sich die Behandlung des Lesetextes.

2.4.1 Allgemeine Ziele der schulischen Übersetzung

Übersetzen als Test und eigentliches Ziel

Die Übersetzung der Lesestücke im Sprachunterricht hat multiple Kompetenzen als Ziele:

- Die Übersetzung schult die Kompetenz, die Unterschiede verschiedener Sprachsysteme zu erfassen und zu beschreiben.
- Sie schult Sprachkompetenz in Ausgangs- und Zielsprache.
- Sie vermittelt frühzeitig die Kompetenz, die Mehrdeutigkeit (Polysemie) von Formen, Wörtern und Texten zu erfassen.
- Sie testet die richtige Anwendung von realienkundlichen Kenntnissen (Kulturkompetenz) für das Textverständnis.
- Den Schülern gibt sie im Sinne der Selbstkompetenz eine Rückmeldung über den eigenen Leistungsstand.
- Der Lehrkraft macht sie darüber hinaus deutlich, inwieweit das grammatische und lexikalische Vorwissen beherrscht wird und vernetzt angewandt werden kann.

Die Maßstäbe, die an die Übersetzungen im Rahmen des Lektüreunterrichts zu stellen sind, sind behutsam vorzubereiten; auf Genauigkeit und sprachliche Richtigkeit im Deutschen ist zu achten. Während in einer ersten Arbeitsphase eine wörtliche Wiedergabe des lateinischen Originals ausreicht, sollte in einer zweiten Phase eine möglichst sinntreffende und zielsprachenorientierte Rekodierung angestrebt werden. Schließlich tragen das Feilen an alternativen Übersetzungsmöglichkeiten und das Vergleichen synonymer Lösungen zur Bedeutung des Fachs Latein innerhalb und außerhalb der Schule bei.

2.4.2 Lesestück als Anwendung des Gelernten

Beispiel: *prima.nova*, Lektion 27: Der Mythos von Narziss und Echo

Buchanalyse: Das Lehrwerk *prima.nova* (2011) für Latein als zweite Fremdsprache ist auf zweieinhalb Jahre Sprachunterricht angelegt und enthält in einem einzigen Textband 45 Lektionen. Jede Lektion verteilt sich auf jeweils vier Seiten. Haupttext der ersten Doppelseite – nach einem Sachtext und einer Grammatikeinführung G anhand weniger zusammenhängender Sätze auf der linken Seite – ist ein Übersetzungstext T von ca. 160 Wörtern, auf den Erschließungsfragen folgen. Die zweite Doppelseite bietet Übungen und einen fakultativen Zusatztext. Pro Lektion sind ca. sechs Unterrichtsstunden zu veranschlagen.

Mit Lektion 27 beginnt eine längere Sequenz „Die Griechen erklären die Welt", deren syntaktischen Schwerpunkt Partizipialkonstruktionen bilden. Grammatischer Stoff des Lesestücks T 27 ist das Partizip Präsens Aktiv. Die Morphologie der *nt*-Stämme und die Verwendung des PPP als Participium coniunctum sind aus vorangegangenen Lektionen schon bekannt, Relativsatz, Adverbialsätze und AcI sind behandelt, auch das Passiv ist eingeführt.

Hier wird davon ausgegangen, dass der neue grammatische Stoff anhand des Einführungsstücks G schon erarbeitet ist. In T geht es also „nur" um Anwendung, Textinhalt, neuen Wortschatz – und die Übersetzung, hier um die erste Hälfte des T-Stücks (Z. 1–10).

Ein knapper deutscher Vortext führt in die Episode ein.

Quondam Echo, quae in silva vivebat, aspexit Narcissum bestias feras capientem. Ubi inter arbores vidit hunc iuvenem pulchrum,

3 amore accensa est. Per silvam et agros vestigia eius petens ab eo magis magisque amari cupiebat.

Sed cum eum appellare vult, natura hoc vetat.

6 Tum demum Narcissus eam audit adeuntem, sed non videt.
Itaque interrogat: „Quis adest? – „Adest!" respondet Echo.
Narcissus verbum auribus accipit et puellam verbum

9 repetentem quaerit. Sed nihil videns: „Cur", inquit, „me fugis?" –
„Me fugis!" illa repetit.

Gerade die durch Partizipien verdichteten Konstruktionen müssen hier vorentlastet werden.

Eine Hilfe für das erste Textverständnis – noch ehe die eigentliche Übersetzung beginnt – ist das ausdrucksstarke, betonte Vorlesen, das die Lehrkraft bei einem neuen Text gewöhnlich selbst übernimmt, indem sie Übergeordnetes durch Intensität und Stimmhöhe hervorhebt, anderes – auch das syntaktisch Untergeordnete – in den Hintergrund treten lässt. So lassen sich die Bezüge von *Narcissum* und *capientem* (Z. 1f.) und die „Klammer" *per silvam et agros vestigia eius petens* (Z. 3) durch Hebung bzw. Senkung der Stimme verdeutlichen.

Eine weitere, wichtige Entlastung für die Übersetzung ergibt sich durch die Visualisierung, bei der der Text je nach technischer Ausstattung des Klassenraums nach vorne projiziert oder (auszugsweise) an die Tafel geschrieben und folgendermaßen bearbeitet wird:

• Haupt- und Nebensätze werden durch Einrückung oder Kästchenmethode voneinander abgetrennt, wobei syntaktisch Gleichwertiges auf gleiche Höhe zu stehen kommen soll (vertikal oder horizontal).

• Zusammengehöriges wird mit gleicher Farbe oder durch Unterstreichung markiert, die Subjekt-/Objektbeziehung zwischen Echo und Narziss wird durch einen Pfeil verdeutlicht. Durch diese grafische Präparation werden die ersten beiden Satzgefüge wesentlich entlastet.

Mit Einrückung:

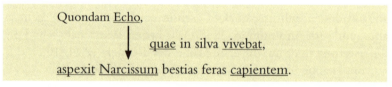

Mit Kästchenmethode:

Quondam Echo		aspexit Narcissum bestias feras capientem.
	quae in silva vivebat	

Inhaltserschließende (W-)Vorfragen bzw. Hinführung auf die Übersetzung könnten – bei sehr behutsamem Vorgehen – etwa so lauten:

• Was erfahren wir über Echo? (*in silva vivebat; aspexit Narcissum*)
• Was besagt das Verb *vivebat*?
• Wie lautet der Infinitiv Präsens zu *aspexit*? Was bedeutet *aspicere*?

• Was besagt der Rahmen *Echo – aspexit Narcissum*?
Es folgt die Übersetzung – noch ohne die Partizipialkonstruktion.
• Was wird zu Narziss weiter gesagt? (*bestias feras capientem*)
• Wie lässt sich die Partizipialkonstruktion *bestias feras capientem* als
  Relativsatz zunächst übersetzen?
Es folgt die Übersetzung durch den Relativsatz.
• Wie könnten wir die Partizipialkonstruktion (*bestias feras capientem*)
  noch wiedergeben?
modal: „wie er/wobei er … jagte"; „bei der Jagd auf wilde Tiere"
Es folgt die Übersetzung des Gesamtsatzes. Am Ende steht ggf. eine
Musterübersetzung der Lehrkraft, wenn die Schülerleistung noch
zu fehlerhaft ist, um den Kenntnisstand der Schüler zu sichern.
Dann muss die Lerngruppe allerdings die Übersetzung mit dem la-
teinischen Text abgleichen und die Lösung nachvollziehen.

Ein nochmaliges lautes, sinnbetontes Vorlesen des lateinischen (!)
Textes durch die Schüler – hier ggf. mit verteilten Rollen – bringt
den Text wirkungsvoll zum Klingen. Durch dieses Lesen des Originals nach dem vollzogenen Übersetzungsakt werden das Original
und die noch frische Übersetzung imaginär aufeinander abgebildet;
gerade akustische Lerntypen dürften davon profitieren.

Vorlesen des Originals nach der Überset- zung: den Text klin- gen lassen

2.5 Vertiefung und Wiederholung

Nach genügender Einübung des neu Erarbeiteten bieten sich – falls
im Rahmen einer Stunde noch Zeit bleibt – alternativ zwei kurze
Einheiten an:
• die Vertiefung eines Teils des neuen Stoffs
• die Wiederholung bzw. Systematisierung des in den vergangenen
  Minuten gewonnenen neuen Wissens bzw. der neu erworbenen
  Kompetenzen (Sprach-, Sach-, Sozial- und Selbstkompetenz)

2.5.1 Vertiefung des Sachinhalts
Die Vertiefung zielt darauf ab, einem Teilaspekt des neuen Stoffs tie-
fer auf den Grund zu gehen. Beispiel hier: dieselbe Lektion 27 aus
prima.nova mit dem Mythos von Narcissus und Echo.

Die Möglichkeiten für den Lehrer sind hier vielfältig – die Zeit
– 45 Minuten – ist freilich begrenzt. Für die Narcissus-Echo-Lektion
bieten sich z. B. (alternativ!) an:

- eine Interpretation der Abbildung von Waterhouse (Lehrbuch, 132) im Unterrichtsgespräch
- die Besprechung des Begriffs „Narziss" bzw. „Narzissmus"
- die Klärung der Frage, worin das Scheitern des Narcissus begründet war

2.5.2 Wiederholung und Vertiefung des sprachlichen Gehalts

Schon der erste Teil des Textes T enthält mit *bestias feras capientem, per silvam et agros vestigia eius petens* und *adeuntem* drei verschiedene Partizipialkonstruktionen: die beiden Konstruktionen des Akkusativs mit Partizip nach Verben der sinnlichen Wahrnehmung (*aspexit – capientem / eam audit adeuntem*) und der adverbielle Gebrauch des Partizips (*per silvam et agros vestigia eius petens*).

Auch eine aktive Umformung ist als Anreiz für die leistungsstarken Schüler denkbar: „Wie lässt sich der Relativsatz *(Echo), quae in silva vivebat* als Partizip konstruieren?" (*in silva vivens*)

Schließlich könnte der Lehrer abschließend auch einige Fragen auf Lateinisch stellen und sie mit Belegen aus dem Text beantworten lassen, z.B.: *Ubi Echo vivebat? – In silva vivebat. Quem – bestias feras capientem – aspexit? – Narcissum aspexit. Quid Echo cupiebat? – Ab eo amari cupiebat*, usw.

Für die Motivation förderlich kann es sein, wenn der Lehrer am Ende der Stunde den Text noch einmal leicht abgewandelt auf Lateinisch vorträgt. Die Fragen „Was habe ich gegenüber dem Originaltext geändert? Was habe ich vergessen?" wecken neue Lebensgeister – auch bei den Schülern, die im Lateinischen weniger firm sind, sich aber gut konzentrieren können.

2.6 Stellung der neuen Hausaufgabe

2.6.1 Das achtjährige Gymnasium und die „Hattie-Studie"

Das achtjährige Gymnasium fordert von den Schülern spätestens ab Jgst. 6 einen bis zwei Nachmittage Unterricht. Viele Schulen sind – um die Belastung der Kinder durch die vielen Unterrichtsstunden und das späte Nachhausekommen in Grenzen zu halten – dazu übergegangen, qua schulinternem Beschluss die Nachmittage von Hausaufgaben frei zu halten und allenfalls „leichtere" mündliche Aufgaben zu stellen.

Nun hat die Hattie-Studie (2009 bzw. die deutsche Ausgabe 2013, nach der hier zitiert wird) – s. Kap. 1.3.7 – durch den Bezug auf eine andere Meta-Studie zu Hausaufgaben aus dem Jahre 2006 einen wichtigen Aspekt in die Diskussion über Hausaufgaben eingebracht: „Das durchschnittliche Niveau von Lernenden mit Hausaufgaben übersteigt das Leistungsniveau der Lernenden in Klassen, in denen keine Hausaufgaben erteilt werden, um mehr als 62%." (Beywl/Zierer 2013: 12). Das entspräche dann einem Lernrückstand der „hausaufgabenfreien" Schüler von fast einem ganzen Schuljahr (vgl. zur Hausaufgabe im Lateinunterricht Kühne/Kuhlmann 2015: 44–47).

2.6.2 Verfahren

Die Hausaufgabe wird gewöhnlich am Ende einer Stunde erteilt; besser ist es aber, sie deutlich vor Stundenende zu stellen und schriftlich an der Tafel festzuhalten; dies wirkt für die Schüler viel verbindlicher als eine nach dem Gong formulierte Hausaufgabe. Meist besteht sie aus

- einer Wortschatzaufgabe (z. B. „Lerne die restlichen Vokabeln von Lektion 27!");
- der Wiederholung der letzten schriftlichen Hausaufgabe, die die Schüler korrigiert im Heft haben sollten;
- dem Wiederholen und Einprägen des jeweiligen Grammatikpensums und
- (sofern es die Lerngruppe nicht überfordert) einer neuen schriftlichen Aufgabe (z. B. einer Übersetzungsübung aus dem Lehrbuch oder der Übersetzung einer angemessenen Textpartie).

Hausaufgaben dürfen nicht zu umfangreich sein, denn sie müssen von den Schülern in einer vertretbaren Zeit erledigt werden können und außerdem in der Folgestunde besprochen bzw. überprüft werden. Wenn Hausaufgaben nicht besprochen werden können und die Lerngruppe kein Feedback durch die Lehrkraft erhält, verpufft ihre Wirkung.

2.7 Stundenmodelle

Je nach Akzentsetzung in der Einzelstunde und ihrer Einbettung in die Unterrichtssequenz variieren der Stundenaufbau und der zeitliche Umfang der einzelnen Stundenelemente (für den Lateinunterricht vgl. auch KÜHNE/KUHLMANN 2015: 77–92).

2.7.1 Einzelstunden – drei Varianten

Für die 45-Minuten-Stunden ist folgender Aufbau typisch:

Normalstunde	Akzent auf der Neudurchnahme	Akzent auf Übung/ Übersetzung
Einstieg	Einstieg	Einstieg
Lernzielkontrolle: Abfrage und Übung Hausaufgabe mündlich (z. B. Übersetzung) Hausaufgabe schriftlich	Neudurchnahme	Lernzielkontrolle
Neudurchnahme	Übung	Übung/Wiederholung
Übung	Vertiefung und Wiederholung	Übersetzung eines Lesestücks
Vertiefung und Wiederholung		Vertiefung des Inhalts
Stellung der Hausaufgabe	Stellung der Hausaufgabe	Stellung der Hausaufgabe
Abrundung	Abrundung im Hinblick auf den neuen Stoff	Abrundung im Hinblick auf den Inhalt des Lesestücks

In Stunden, zu deren Beginn eine schriftliche Prüfungsaufgabe besprochen wird (Test, Klassenarbeit/Schulaufgabe), wird die Übung durch die Rückgabe der Arbeit ersetzt.

2.7.2 Doppelstunden

Vor allem im Zuge des achtjährigen Gymnasiums gehen manche Schulen dazu über, auch Kernfächer im Doppelstundenmodell zu unterrichten, d. h., von z. B. vier Stunden in Jgst. 7 wenigstens zwei zusammenzulegen. Das stößt auch auf Kritik; als Argument gegen das Doppelstundenprinzip wird, besonders mit Blick auf die Spracherwerbsphase und vor dem Hintergrund der Hattie-Studie

(s. Kap. 2.6.3), der Umstand angeführt, dass pro Doppelstunde nur eine schriftliche und eine mündliche Hausaufgabe mit den entsprechenden Übungsmöglichkeiten gestellt werden kann.

Unverzichtbar bei Doppelstunden sind u. E. jedenfalls

- die Verbindung von Neudurchnahme und anschließender intensiver Übung plus Übersetzung;
- hinreichend häufiger Wechsel der Sozialform;
- Anreicherung mit inhaltlichen Fragen (z. B. zur Förderung der Kulturkompetenz).

Ein Beispiel aus *Campus, Ausgabe C* 2 (Lehrbuch für L2), Lektion 56 (zweites Lernjahr): Grammatikstoff: *ipse*; doppelter Akkusativ. Die Hausaufgabe bezog sich auf Lektion 55, deren neuer Stoff das PPP war.

Doppelstunde	Methode/Inhalt
Einstieg	Bild zu Dädalus und Ikarus, Sätze mit PPP
Lernzielkontrolle	PPP-Sätze zur mündlich wiederholten schriftlichen Hausaufgabe des Vortags Abfrage zu Wortschatz der Lektion 55 (mit Transferaufgaben) Besprechung der schriftlichen Hausaufgabe, z. B. Übung V c der Lektion 55
Überleitung	Zeichnung zu Dädalus und Ikarus mit Landkarte zu Kreta
Neudurchnahme	Pronomen *ipse*: Lektion 56, E-Stück; *ipse* wird induktiv erschlossen.
Übung	• Übung 56 a (Deklination *ipse*) im Unterrichtsgespräch • Übung 56 b (Staffellauf mit Substantiven und Pronomina) in Partnerarbeit, dann arbeitsteilig mit Differenzierung • Übung 56 c: Formentraining zu *is* und *ipse*, für die Schnelleren • Übung 56 d: Einsetzen und Übersetzung von fertig angebotenen Formen in Lückensätze
kurze Pause	ggf. Entspannungsübung

Überleitung	Einführung in den Sagenstoff „Latona und ihre Kinder"
Übersetzung	Lektion 56, T, Z. 1-5 (vier Sätze mit *ipse*), arbeitsteilig mit Sicherung des neuen Wortschatzes (fünf Wörter und Nioba und Tantalus)
Kulturgeschichte	Kurzvortrag zu Tantalus
Problemstellung und Neudurchnahme II und	doppelter Akkusativ: Anknüpfung an den Satz *Tantalum ... patrem appello*. Selbständige Erarbeitung des doppelten Akkusativs nach dem Muster des vorigen Satzes
kleine Übung dazu	Übung 56 e, Satz 1–3 arbeitsteilig in Partnerarbeit
Hausaufgabe	z. B. Teil 2 der Übung 56 e zum doppelten Akkusativ (Satz 4–6)
Abrundung	Besprechung des Begriffs „Tantalusqualen", ggf. ein Bild dazu

2.7.3 Intensivierungsstunden

Wichtig sind auch regelmäßige „Intensivierungsstunden": Hier wird nur geübt und wiederholt, also bereits bekannter Stoff „intensiviert", ohne Neudurchnahme, meist ohne Hausaufgabe. Oft werden die Intensivierungen auch in kleineren Gruppen durchgeführt. Für diese Stunden bieten die Schulbuchverlage mittlerweile eigenes Übungsmaterial an, z. B. in Form von Arbeitsheften. Auch Begleitlektüren für die Spracherwerbsphase werden eingesetzt, wie z. B. reine Lektüre- und Übersetzungshefte zu den Abenteuern des Odysseus; solche Lesehefte schulen intensiv die Übersetzungskompetenz und – auf dieser einfachen Ebene – die Lesekompetenz.

Die Intensivierungsstunden bieten auch die Chance, innerhalb der Klasse nach Leistungsfähigkeit der Schüler zu differenzieren: So können z. B. die Schwächeren klassische Trainingsübungen aus dem Arbeitsheft bearbeiten, während die Schnelleren sich in die Übersetzung kleinerer Sagenstücke vertiefen, in Einzel- oder Partnerarbeit, ggf. auch in Gruppenarbeit.

Literatur

AKADEMIE FÜR LEHRERFORTBILDUNG UND PERSONALFÜHRUNG DILLINGEN (Hg.): Fachdidaktik Latein, Dillingen 2013, v. a. 49–110.

BRAUN, CAROLA/PFAFFEL, WILHELM: Armilla. Handbuch, Bamberg 2005, 5–24.

COOPER, H. M./ROBINSON, G. C./PATALLS, E. A.: Does homework improve academic achievement? A synthesis of research, 1987. 2003, in: Review of Educational Research, 76 (1), 1–62; dazu HATTIE (dt. Ausgabe 2013), 11f. Die empirische Basis von Cooper et al. waren insgesamt 161 Studien mit mehr als 100.000 Lernenden!

FINK, GERHARD/MAIER, FRIEDRICH: Konkrete Fachdidaktik Latein, München 1996, 27–61.

GLÜCKLICH, HANS-JOACHIM: Lateinunterricht. Didaktik und Methodik, Göttingen 1978, 84–128.

GWIASDA, DENISE: Induktive vs. deduktive Grammatikeinführung im Schülerurteil – eine empirische Studie, in: KUHLMANN (2014), 95–105.

KEIP, MARINA: Grammatikeinführung, in: KEIP, MARINA/DOEPNER, THOMAS: Interaktive Fachdidaktik Latein, Göttingen 2010, 35–66.

KLISCHKA, HOLGER: Zweisprachige Grammatikeinführung, in: KUHLMANN (2014), 83–94.

KLOIBER, HARALD: Doppelstundenprinzip – bitte nicht für die Klassischen Sprachen, in: Die Alten Sprachen im Unterricht 2/2014, 12, dagegen: Haslbeck, Franz: Das Doppelstundenprinzip – eine bildungspolitische Modeerscheinung oder doch eine ernst zu nehmende fachdidaktische und methodische Herausforderung?, in: Die Alten Sprachen im Unterricht 3/2014, 4–6.

KUHLMANN, PETER (Hg.): Lateinische Grammatik unterrichten. Didaktik des lateinischen Grammatikunterrichts, Bamberg 2014.

KUHLMANN, PETER: Fachdidaktik Latein kompakt, Göttingen 2009, 69–93.

KÜHNE, JENS/KUHLMANN, PETER: Referendariat Latein, Berlin 2015.

MAIER, FRIEDRICH: Lateinunterricht zwischen Tradition und Fortschritt. Band 1: Zur Theorie und Praxis des lateinischen Sprachunterrichts, Bamberg ²1984, v. a. 100–135; 205–232.

PFAFFEL, WILHELM: Omnia mutantur – nos non mutemur in illis? Methodische Forderungen an den Lateinunterricht, in: Antike verpflichtet. Bildung statt Information. Für Peter Neukam. Sonderausgabe Die Alten Sprachen im Unterricht, Bamberg und München 2001, 60–74.

SCHOLZ, INGVELDE: Übung, in: Keip, Marina/Doepner, Thomas: Interaktive Fachdidaktik Latein, Göttingen 2010, 67–80.

STEINHILBER, JÜRGEN: Die Übung im lateinischen Sprachunterricht. Grundlagen, Methoden, Beispiele (= Auxilia 13), Bamberg 1986.

WAIBLINGER, FRANZ-PETER: Zu einem neuen Konzept des Sprachunterrichts, in: Maier, Friedrich/Westphalen, Klaus (Hgg.): Lateinischer Sprachunterricht, Bamberg 2008, 63–78.

WITTICH, PEGGY: Tres, tres, tria: Lernspiele für Latein, Berlin 2015.

VON ZIEGÉSAR, DETLEF UND MARGARET: Einführung von Grammatik im Englischunterricht. Materialien und Modelle, München ²1995 (mit vielen Ideen und Materialien, freilich zum Englischunterricht).

3 Text- und Kulturkompetenz in der Spracherwerbsphase

3.1 Interpretation

Die Interpretation von Texten ist eine der wichtigsten Aufgaben des Lateinunterrichts. Sie setzt bereits bei den Lesestücken der Lehrbuchlektionen ein; diese sollen nicht als Steinbruch für Grammatik dienen.

Viele Lehrbücher enthalten bereits im Anschluss an die Lesestücke einfache Interpretationsfragen. Im Anfangsunterricht wird man sich dabei mit einfacheren Erschließungsfragen begnügen. Eine gute Übersicht über methodische Möglichkeiten der Interpretation im Lehrbuch findet sich auf den Methodenseiten des Lehrwerks *Via mea* (*Gesamtband:* 235–239).

Ein Beispiel aus dem Lehrbuch *Actio* 1, Lektion 10 (90 f.): Der Inhalt des Lesestücks ist „Der neue Laden": Der Kaufmann Lucius Rasinius Pisanus hat für seine Terra-sigillata-Waren einen neuen Laden in den Trajansmärkten eröffnet. Er erwartet eine Lieferung neuer Ware aus dem Hafen; doch sein Sklave Priscus meldet ihm ganz aufgeregt, dass die erwarteten Statuen fehlen. Daraus entspinnt sich ein Disput zwischen dem Herrn und dem Sklaven.

Die erste Erschließungsfrage des Lehrbuchs lautet: „Wie reagiert Priscus auf die Vorwürfe von Rasinius?" Diese Frage bewegt sich zwar eher auf der Oberfläche und befasst sich auch nicht mit der Textgestaltung; sie gibt aber Anlass, die Auseinandersetzung zwischen dem Herrn und dem Sklaven nachzuvollziehen.

Anspruchsvollere Erschließungs-, ja Interpretationsfragen bieten sich im fortgeschrittenen Lateinunterricht an. Als Beispiel sei *Campus, Ausgabe C* 3, Lekt. 81: „Ein unmenschliches Verbot" genannt. Es geht um den Konflikt zwischen Antigone und Kreon (Grammatikstoff: *nolle*; Prohibitiv): Im Lesestück, das z. T. eine wörtliche Übersetzung des Sophokleischen Originals bietet, also auf eine berühmte literarische Quelle zurückgeht, wird der Streit zwischen Kreon und Antigone ausgetragen, wo die Positionen des Königs und seiner Nichte unvermittelt aufeinanderprallen.

> Creon: Ne negaveris te scelus impium fecisse! Mea praesidia te aspexerunt.
> Volumus te aperte respondere; te tacere nolumus.
> Antigona: Nolo tacere: Id feci, sed factum iustum fuit.
> Quisnam vetare vult me fratrem carum in terra condere?
> 5 Creon: Ego rex sum, qui statuit leges; eas transcendere non licet.

Antigona: Sed tu noli dare leges, quas dei nobis imponere noluerunt!
Maiores et meliores sunt divinae leges: Rex, noli transire has leges!
Creon: Tace, pessima! Ne quid dixeris! Ne contra regem peccaveris!
Superbia te impulit nec pia mens: Id ne negaveris!
10 Regis sententiam legemque neglexisti: Cave poenam regiam!
Antigona: Poenas duras deorum timeo, non sententias hominum.
Creon: Is autem homo, qui terram patriam oppressit, „hostis" vocatur.
Hostis, etsi occisus est, mihi tamen odio est.
Antigona: At ego non odii causa, sed ut amarem, nata sum.
15 Creon: Ergo ama mortuos et inferos; sed vivis ne restiteris!

Die erste Interpretationsfrage des Lehrbuchs geht von der sprachlichen Oberfläche aus: „Stelle anhand der Formen von *nolle* aus dem
Text zusammen, was Kreon bzw. Antigone nicht wollen." Daran
schließt sich – wieder den sprachlichen Beobachtungen folgend – die
Frage an: „Welche Substantive oder Adjektive sind Attribute der
leges, von denen Kreon und Antigone jeweils sprechen?" Die dritte
Aufgabe lautet: „Wie rechtfertigt Antigone ihr Verhalten, wie Kreon
das seine?" Dabei sollte erarbeitet werden, dass sich Antigone auf
ewiges, göttliches Recht, Kreon dagegen auf die von Menschen er-
lassenen Gesetze (positives Recht) beruft. Dieser bedeutsame Sach-
verhalt sollte in einem abschließenden Tafelbild gesichert werden.

3.2 Realienkunde und Kulturkompetenz

Lehrpläne fordern gleichzeitig mit dem Entwickeln der Sprachkompetenz die Einführung in die antike griechische und römische Kultur, vom Alltagsleben über die Mythen- und Sagenwelt bis zur Geschichte und Literatur.

**Kultur-
kompetenz ist
mehr als nur
Wissen: ein
Weg zu den
Grundlagen.**

Dahinter steht: Die antike Kultur gehört zu den Grundlagen Europas, die Antike und ihre Fragestellungen sind in den verschiedenen
Disziplinen wie Geschichtsschreibung, Recht, Naturwissenschaft
und Religion auch für den jungen Menschen von heute aktuell.

Die Vermittlung von Kenntnissen der antiken Kultur, kindge-
recht verpackt, belegt auch eine Auswahl von Lektions- bzw. Se-
quenzüberschriften verschiedener Lehrbücher:

Campus, Ausgabe A: Ferien – auf dem Land; Schulbeginn – Alltag
in Rom; Pompeji – Leben und Sterben; Helden des Mythos – Her-
kules und Äneas; Roms Frühzeit – ein Staat aus vielen Völkern; The-

ater, Thermen, Spiele – Freizeit der Römer; Geheimnisvolle Nachbarn – Rom und die Etrusker; Menschen und Götter – die Welt der Mythen; Rom in Gefahr – die Zeit der Republik; Verfolgung und Bekehrung – die Anfänge des Christentums; Limes und Lehnwort – die Römer bei uns; Dichten, Denken, Deuten – die Griechen als Vorbild; Zwischen Anpassung und Auflehnung – große Römer im Konflikt; Orientierung im Leben – Fragen an die Philosophie

prima. nova: Auf dem Weg zur Kurie; Sieg im Circus Maximus; Aufregung in der Basilika; Besuch in den Thermen; Jubel auf dem Forum; Cloelia; Hannibal ante portas; Anschlag auf den Konsul Cicero; Cäsar im Banne Kleopatras; Äneas folgt dem Willen der Götter; Von Venus zu Augustus; Der Mythos von Narziss und Echo; Penelope vermisst Odysseus; Was steckt hinter den Naturgewalten?

Actio 1: In einem römischen Haus; Ein Gastmahl; In einer römischen Schule; Der Mythos von Europa; Gladiatoren; Die Thermen; Handel und Wirtschaft; Wagenrennen; Perseus und Medusa; Herakles und die Hydra; Apollon und Python; Odysseus und Kirke; Aeneas in Troja; Romulus und Remus

Pontes 1: Willkommen im alten Rom! Wohnen im alten Rom; Die römische Hausgemeinschaft; Auf dem Land; In der Schule; Das Forum Romanum; Im Circus Maximus; Badevergnügen für alle!; Amphitheater; Der Theaterbesuch; Das Kapitol; Aeneas flieht aus Troja; Aeneas in Italien; Romulus und Remus; Das Ende der Königszeit

4 Prüfungsformen und Leistungsmessung

4.1 Grundsätze

Sprach-, Text- und Kulturkompetenzen der Schüler können in vielfältiger Weise getestet werden: Durch mündliche und schriftliche Leistungsnachweise (zur Lernzielkontrolle zu Beginn einer Stunde s. Kap. 5.3.1), unangesagte Lernkontrollen („Tests", „Stegreifaufgaben"), umfangreichere Klassenarbeiten, zwischen denen sich angesagte Kurzarbeiten und ggf. (z. B. in Bayern) langfristig angekündigte Leistungstests angesiedelt haben; letztere können seit einigen Jahren auch von einer amtlichen Stelle eines Bundeslandes zentral gestellt werden und somit für Schule und Lehrkraft ein aufschlussreiches Leistungsmessinstrument darstellen.

4.2 Klassenarbeiten/Klausuren

Prüfungen
müssen
Kompetenzen
messen.

Die Vorgaben für schriftliche Leistungskontrollen wie Klassenarbeiten/Klausuren (in Bayern: „Schulaufgaben") variieren von Bundesland zu Bundesland, ähnlich den Lehrplänen. Durchgesetzt hat sich in den letzten Jahrzehnten die „zweigeteilte" Klausur, die – ähnlich der Abiturprüfung – aus einer Übersetzung eines lateinischen Textes und weiteren Aufgaben besteht, in denen antike Kulturgeschichte und andere, vom Übersetzungstext nicht intensiv genug abgedeckte Aspekte des Sprachunterrichts geprüft werden. Im zweiten Teil der Klassenarbeit kommen überwiegend Operatoren mit Handlungsanweisungen zum Tragen.

Als Beispiel sei hier eine Klassenarbeit für ein erstes Lernjahr Latein als zweite Fremdsprache (Lehrbuch: *prima B*, bis Lekt. 15) mit Aufgaben auch zum Stoffgebiet Kulturgeschichte/Realien angeführt. Die Verrechnung beider Teile geschieht im Verhältnis 2 : 1. Stoff sind unter anderem

- grammatisch: die Perfektbildung im Aktiv (alle Bildungstypen), die Adjektive der a-/o-Deklination, der Relativsatz, der rel. Satzanschluss und das Pronomen *is*, *ea*, *id*;
- Kulturgeschichte: das frühe Rom (die Romulussage), Hannibal und Cicero.

Die Bewertungseinheiten (BE) stehen neben den Aufgaben.

I. Übersetzung

Streit unter Brüdern

Faustulus Romulum et Remum ad ripam Tiberis (Tiberis, is m.: der Fluss Tiber) aspexit et servavit.

Quos Accae uxori dedit, quae pueros liberos suos vocavit.

Fratres cunctos adulescentes ea virtute vicerunt, quam deis debebant.

Postquam multos hostes pepulerunt, de loco magnae urbis consuluerunt.

Romulus dixit: „Ecce, ad eam ripam lupa (Wölfin) nos aluit."

Sed Remus decrevit: „Ego autem urbem nostram hic aedificare volo!" (aedificare: bauen)

Adulescentes primo verbis de imperio contenderunt, deinde arma ceperunt.

Romulus fratrem miserum necavit et urbem claram «Romam» appellavit.

II. Zusätzlicher Aufgabenteil

1. Bestimme und übersetze die folgenden Verbformen. (4 BE)

a) curritis:
b) restiterunt:
c) attingis:
d) expuli:

2. Unterstreiche das passende Relativpronomen. (4 BE)

Faustulus, qui/quem bestias capere vult, comites vocat.

Tum viri voces puerorum, quos/qui mater reliquit, audiunt.

Acca pueros, qui/quorum clamorem Faustulus audivit, filios appellat.

Einige Jahre vergehen; Remus wird getötet und

Postea maritus uxori crimen Romuli nuntiat; quae/quam necem Remi lacrimis flet.

3. Verbinde die Jahreszahlen mit dem passenden Ereignis. (4 BE)

| 753 v. Chr. | Tod Ciceros |
| 202 v. Chr. | Beginn der römischen Republik |

510 v. Chr.	Sieg Scipios über Hannibal in der Schlacht bei Zama
43 v. Chr.	Gründung Roms

4. Wie gut kennst du die römische Geschichte? Kreuze die zwei richtigen Aussagen an. (4 BE)
a) Sabini Romanis filias suas sine vi, sed magno cum gaudio dederunt.
b) Tarquinius Superbus Lucretiam, filiam Bruti, necavit.
c) Hannibal in Alpibus multos elephantos amisit.
d) Cicero ubi consilia Catilinae audivit, cunctos servos arcessivit.
Traditionell sind die schriftlichen Leistungskontrollen im Lateinunterricht einseitig an der Rekodierung von Texten (d. h. Anforderungsbereich III) und am Abfragen eher deklarativer Grammatikkenntnisse orientiert. Neben reinen Übersetzungsaufgaben im Textteil sind dagegen auch Aufgabenformate nützlich, die das semantische Verstehen des Textinhalts testen, z. B. Inhaltszusammenfassungen/Paraphrasen oder – wie hier die Aufgaben 2 und 4 – Auswahlaufgaben, die das Textverständnis ohne explizite Rekodierung kontrollieren.

4.3 „Tests" („Stegreifaufgaben"/„Extemporale" o.ä.) zur Diagnose

Leistungskontrollen können auch ohne Vorankündigung durchgeführt werden. Solche Tests können zur reinen Diagnostik des aktuellen Lernstandes ohne Benotung erfolgen, aber natürlich – sofern curricular erlaubt – mit anderen mündlichen Leistungen verrechnet werden. Denkbar sind Stegreifaufgaben zum Wortschatz (zu den Prinzipien der Wortschatzabfrage s. Kap. 2.1.2), aber auch komplexere Sprachaufgaben, wie das folgende Beispiel für Jgst. 8 zeigt (L1; Lehrbuch: Campus, Ausgabe C 3, bis Lekt. 82, Schwerpunkt: Konjunktiv im Hauptsatz; die Thematik der „Antigone" war eben behandelt worden.). Bewertet wurden Übersetzung und Aufgabe 2 im Verhältnis 3 : 1.

1. Übersetze:

1.1 Nerone vivo multi Christiani in arena occisi sunt.
1.2 Multi cives Romani Nerone invito cupiebant:
1.3 "Utinam imperator illis hominibus parcat!
1.4 Ne sinat eos ad mortem duci!
1.5 Rogemus imperatorem, ut salutem omnium civium respiciat!"

2. Bestimme den passenden Sprecher aus der Antigone-Tragödie, benenne die Funktion des Konjunktivs und übersetze.

	Sprecher	Funktion des Konjunktivs	Übersetzung
Claudatur viva!			
Pereamus ambo!			
Ne vetueris me fratrem sepelire!			

5 Konzepte von Lehrbüchern

5.1 Lehrbuch-Typen

Die Lehrbücher für den Sprachunterricht müssen, wenn ihr Einsatz vom Kultusministerium genehmigt werden und ihre Anschaffung lernmittelfrei sein soll, lehrplankonform sein. Da die Curricula aber – trotz unterschiedlicher Vorgaben, s. Kap. 1.2.1.3 – Spielräume lassen, haben Verlage und Autorenteams viele Möglichkeiten, auf ihre Klientel zu reagieren oder (neue) Akzente zu setzen.

Über die Länder hinweg unterscheiden sich die Lehrbücher daher

- in ihrem Adressatenkreis: Latein ab Jgst. 5 (L1) oder ab Jgst. 6 (L2) oder ab Jgst. 8 bzw. 9 (L3); für die unterschiedlichen Sprachlehrgänge gelten gewöhnlich unterschiedliche Lehrpläne, außerdem muss auf die Altersgemäßheit der Darbietung und der Inhalte geachtet werden;
- in ihrer methodischen Konzeption: Tendenz zur vertikalen Anlage der Morphologie (à *Campus, comes, Via mea*) oder der horizontalen, gleichzeitigen Einführung von Deklinationen und Konjugationen (à *prima, Cursus, Actio, VIVA*);
- im Zugang zu den grammatischen Phänomenen: Erschließung der grammatischen Regeln unmittelbar aus den Lesetexten oder vermittels einführender Minitexte;
- in ihrer Gestaltung: eine Doppelseite pro Lektion, meist nur ein einziges Grammatikphänomen (*Campus, comes*), oder größere Lektionseinheiten. Wenn mit größeren Lektionseinheiten gearbeitet wird, finden sich
  - sehr lange Texte (z. T. über 200 Wörter), die sich mit Bebilderung durchaus auch auf zwei Seiten erstrecken können *(Actio)* oder – mit Übungen, zweiseitigen Sachtexten und üppiger Bebilderung – auch über sechs Seiten *(Pontes),* und
  - kürzere Texte, die den Kern von Vier-Seiten-Lektionen darstellen *(Cursus, prima.nova, Via mea)*.

Aus der Fülle dieser Merkmale ergeben sich viele Kombinationen. Hier werden nur folgende Aspekte verdeutlicht:

- horizontale vs. vertikale Methode der Formendarbietung (Beispiel: *Actio* 1 bzw. *Pontes* 1 vs. *Campus*, Ausgabe A)
- die Art, wie im Buch bzw. im Unterricht die grammatischen Regeln erarbeitet werden (Beispiel: u-Deklination):
  - Entwicklung der grammatischen Regeln aus einem Einführungsstück (*Campus,* Ausgabe A)

- Erarbeitung der Regeln aus dem Lesestück selbst (*Campus,* Ausgabe A)
- Erarbeitung der Regeln aus Einführungssätzen in Verbindung mit grammatischen Erschließungsaufgaben, wie sie sich im Unterricht oft anbieten *(comes* 1, *Pontes* 1 [mit Bildern])

5.2 Horizontale vs. vertikale Methode

Lateinbücher haben – im Gegensatz zu Unterrichtswerken der modernen Fremdsprachen – nicht die Zielrichtung der lateinischen Sprechfähigkeit, sondern der Übersetzungs- bzw. Verstehenskompetenz. Sie spiegeln daher nicht primär Ausschnitte aus dem gesprochenen Latein mit allen seinen Spielarten incl. der Umgangssprache wider, sondern entwickeln die Sprachphänomene des Standardlateins (in der Regel unter weitgehender Ausklammerung der phonetischen Dimension) im Hinblick auf die Lektürekompetenz.

Die Termini „vertikal" und „horizontal" bedeuten für den Lateinunterricht konkret:

vertikal (Nacheinander der morphologischen Erscheinungen):
Die älteren Lateinbücher des vergangenen Jahrhunderts waren in langer Tradition auf vertikales Unterrichten angelegt:

Begonnen wurde in den ersten Lektionen des ersten Lernjahres mit einer einzigen Konjugation (gewöhnlich der a-Konjugation) und der a-Deklination; erst Mitte der siebziger Jahre wurde dieses Prinzip z.B. in der Lehrbuchreihe *ROMA* aufgeweicht; die a-Deklination wurde Kasus für Kasus neben der o-Deklination parallel eingeführt. Die einzelnen Kasus wurden aber auch dort in der Abfolge der Lektionen nacheinander behandelt. Entsprechend sukzessive wurde mit den Konjugationen verfahren.

horizontal (paralleles Nebeneinander):
Hier werden die grammatischen Kategorien von Anfang an über alle Deklinationen und Konjugationen hinweg behandelt; z.B. wird in der ersten Lektion bereits die 3. Person im Ind. Präs. Akt. aller Konjugationen geboten.

Beispiel: Die Konjugationen		
Stoff	Campus, Ausgabe A	actio, Bd. 1
e-Konjugation	Lektion 1	Lektion 1
a-Konjugation	Lektion 3/2	Lektion 1
kons. Konjugation	Lektion 6/1	Lektion 1
i-Konjugation	Lektion 6/1	Lektion 1
i-Erweiterung (facere)	Lektion 6/3	Lektion 1

Für die Horizontalität wird als Hauptargument die Natürlichkeit des Sprachgebrauchs angeführt, gepaart mit dem Vorzug, möglichst früh in den Lesestücken die wichtigen Konjugationen, d. h. auch die Verben der konsonantischen Konjugation, trainieren zu können. Das horizontale Prinzip ermöglicht zudem eine frühe Einführung von Vokabeln mehrerer Flexionsklassen, die für die Gestaltung inhaltlich interessanter Texte nützlich sind.

Für die Vertikalität spricht eine lernpsychologisch bedeutsame Tatsache: Die Zeit, die für das Erlernen einer bestimmten grammatischen Regel im Rahmen des Unterrichts benötigt wird, verändert sich in Relation zur Anzahl der Regeln; doch wenn in einem Zeitraum t statt n Regeln n + 1 Regeln eingeübt werden sollen, dann steigt der Zeitbedarf der Beobachtung nicht linear, sondern eher exponentiell; breitere empirische Untersuchungen hierzu sind ein Desiderat.

5.3 Drei Varianten – vieles ist möglich

Variante 1: Vom vorentlastenden Kurztext zur Regel

13 Der letzte König

E1 1. Metus homines torquet.
2. Homines pleni timoris et metūs sunt.
3. Adhuc vultūs tristes videmus.
4. Mox vultūs hominum non iam tristes erunt.
5. Nam multitudo vultuum tristium deos movebit.
6. Adhuc tristem gemitum hominum audimus:
  „Adeste, di magni!"
7. Mox homines sine gemitu dicent:
  „Vobis, di magni, gratiam habemus."
8. Adhuc omni vultui laetitia deest.
  Adhuc omnibus vultibus laetitia deest.
9. Mox homines plenis manibus deis dona dabunt.

Campus, Ausgabe A, Textband, 100, E1

Das E-Stück stellt in Verbindung mit der Zeichnung einen Mini-Text dar: Die neuen Substantive der u-Dekl. (*metus*, *vultus*, *gemitus* und *manus*) werden in den verschiedenen Kasus nacheinander vorgeführt. Das Prinzip: Pro Satz wird eine neue Regel präsentiert, die sich aus dem Text, ggf. in Verbindung mit dem Bild, erschließen lässt: Die Bedeutung des Substantivs *metus* aus dem Bild, der Gen. Sg. *-us* aus der Junktion mit *timoris*, die Formen des Nom., Akk. und Gen. Plurals aus Text und Bild usw. Am Ende des E-Stücks ist der gesamte neue Grammatikstoff eingeführt; es fehlt nur die Genusangabe zu *manus* (f.).

Variante 2: Grammatikerschließung aus dem Lesestück
Der Kontext von Lektion 13, T1 ist die Geschichte von Tarquinius Superbus, dem „letzten König" (so die Lektionsüberschrift), und seinem Neffen Brutus. (Die angegebenen Wörter sind hier durch einen Asterisk markiert, die neuen Wörter bzw. Kasus durch Fettdruck bzw. Kursivdruck.)

Die Maske der Dummheit

Magnus erat **metus** Tarquinii **Superbi**:
Viderat enim serpentem★ in villa sua. Rex
superbus *metui* temperare★ non poterat;
omnes signa *metus* videbant. Tarquinius
enim sentiebat serpentem signum deorum
esse. Quia consilia eorum scire voluit, filios
suos cum Bruto, filio sororis, ad oraculum
Delphicum★ misit. Primo fratres magno cum
gemitu patrem rogabant: "Cur Brutum
nobiscum mittis? An nescis eum stultum esse,
pater?" Tarquinius autem filios tacere et
parere voluit. Paulo post iuvenes cum Bruto
portum petiverunt.
*Brutus, der Neffe des Tarquinius, spielte aber nur
den Dummen, um nicht als möglicher Konkurrent
um den Thron ermordet zu werden. In Delphi
sagte das Orakel voraus, dass derjenige über Rom
herrschen werde, der als Erster die Mutter küsse.*
Filii Tarquinii putaverunt id oraculum ad
matrem suam **pertinere**. Sed Brutus statim
terrae osculum★ dedit. Fratres **vultibus**
superbis Brutum riserunt: Quid agis, puer
stulte? Ecce **manus** tuas: *Manus* tuae
sordidae★ sunt. **Talibus** *manibus* numquam
imperium tenebis." Brutus *vultu* **laeto**
respondit: "Terrae, communi matri omnium,
osculum dedi. Ego **igitur** in urbe nostra
summam potestatem tenebo."
*Brutus hatte tatsächlich den Orakelspruch als
Einziger richtig verstanden.*

Kommentar:
metus neu, müsste
angegeben oder vom
Lehrer mimisch er-
klärt werden. Dat.
Sg. und Akk. Pl. aus
Kontext erschließbar.

gemitus: vom Lehrer
vorzuspielen, Kasus
aus der Präp.
erschließbar. *portus*
neu, aus Ortsnamen
erschließbar.

vultus z. T.
erschließbar.
manus vorspielen,
restliche Kasus
erschließbar.

Variante 3: Mischung von Exempel und Regel

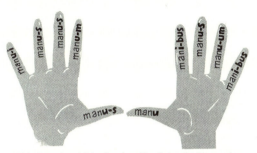

Die letzte Deklination im Handumdrehen

Einige Formen kannst du bereits aufgrund ihrer Endung den Kasus zuordnen.
Ordne und notiere in deinem Heft das Deklinationsschema für das Wort manus.

Aus: CHRISTIAN CZEMPINSKI (Hg.): comes 1, München 2008 (Oldenbourg
   Schulbuchverlag), 150

Einen originellen Weg geht das Lehrwerk *comes* 1. Am Anfang der
Lektion 32 wird die Bedeutung von *manus* grafisch dargestellt. Der
Trennstrich verdeutlicht rasch, dass es sich um die u-Deklination
handelt. Spielerisch, wenngleich isoliert, werden die Kasusendungen
vorgestellt, was bereits mit der ersten Aufgabe kombiniert ist. Hier
muss die Lehrkraft größere Teile der Instruktion leisten, was den Vorteil des raschen Vorgehens hat.

   Welches der vorgestellten Verfahren das günstigste ist, erweist
sich im Unterricht; vieles hängt an der Lehrkraft, an ihrer Vorliebe
für Instruktion vs. Induktion, an der Art, die ersten Übungen mit
Grafiken (3) oder dem E-Stück (1) oder dem Lesetext (2) zu verbinden. Gradmesser für die „Richtigkeit" bzw. Überlegenheit des einen
oder anderen Verfahrens ist nicht nur die Zeitdauer, die für die erste
Erarbeitung benötigt wird, sondern die Intensität des Lernvorgangs
und die nachhaltige Beherrschung des Stoffs durch die Schüler.

Literatur

FINK, GERHARD: Vertikal oder horizontal? Total = fatal, in: DASIU 1/97, 21 ff.

FARBOWSKI, RUPERT: Latein – eine starke Marke, in: Forum Classicum 4/97,
   196.

KIPF, STEFAN: Altsprachlicher Unterricht in der Bundesrepublik Deutsch-
   land. Historische Entwicklung, didaktische Konzepte und methodische
   Grundfragen von der Nachkriegszeit bis zum Ende des 20. Jahrhunderts, Bamberg 2006, 239–340 (ohne die neueren Lehrwerke).

6 Fortgeschrittener Sprachunterricht nach der Lehrbuchphase

Mit der Lehrbuchphase ist das Erlernen des Lateinischen – wie auch bei den modernen Fremdsprachen – ja nicht abgeschlossen. Gerade die Stunden- und Stoffdichte des achtjährigen Gymnasiums erfordert intensives sprachliches Training auch in der Lektürephase, wo sich nun verschiedene Stufen zeigen:

Fünf Wege für die „Grammatik in der Lektüre":
Wiederholung
Neudurchnahme
Vertiefung
Systembildung
Festigung des Wortschatzes

- **Wiederholung** einzelner Phänomene zur Vorentlastung der Autorenlektüre mit dem Ziel, autoren- bzw. textsortenspezifische Phänomene zu festigen
- **Neudurchnahme** von bislang – im Zuge der Lehrbuchphase – ausgelassenen grammatischen Komplexen, die für die Lektüre überhaupt unerlässlich sind
- **Vertiefung** einzelner grammatischer Aspekte, die bislang nur gestreift worden waren, zum Zwecke der Übersetzung bzw. Interpretation
- **Systematisierung** größerer Komplexe, um das „System Grammatik" zu vervollständigen
- **Ausweitung und Festigung des Wortschatzes,** da sich nicht alle Probleme mit der Einführung des Lexikons für Prüfungsaufgaben lösen lassen – und für die rasche Bewältigung größerer und einfacherer Partien der Texte eine sichere Beherrschung wenigstens des Grundwortschatzes (ca. 1200 Wörter) oder des Kernwortschatzes (ca. 500 Wörter) unerlässlich ist

6.1 Wiederholung von Einzelphänomenen

Hier ist an jene Phänomene zu denken, die bei einzelnen Autoren in besonderer, stiltypischer Dichte erscheinen, z. B. bei Cäsar das participium coniunctum, der ablativus absolutus und der relative Satzanschluss in den vielen syntaktisch doch ähnlich konstruierten Perioden der militärischen Beschreibung wie *His rebus adducti (Helvetii), Liscus hac oratione Caesaris adductus* usw., *Quibus rebus cognitis, hoc proelio facto* usw.

6.2 Neudurchnahme

Die *oratio obliqua* ist ebenfalls stiltypisch für die nüchtern-distanzierte Sprache Cäsars; sie ist aus manchen Lehrplänen als Gegenstand des

Sprachunterrichts verschwunden und muss ohnehin anhand der Lektüre vertieft werden. Schwierig ist sie, wenn die Schüler im Deutschen schon muttersprachliche Defizite haben, z. B. für ein Protokoll die indirekte Rede angemessen zu bilden.

Hier hilft eher die Einführung durch eine vorgegebene Kurzpassage in direkter (lateinischer) Rede, ehe der Schüler auf das Original Cäsars geworfen wird (Beispiel: Caes. *BG* 1,8,3). Dabei lassen sich auch die Ellipsen v. a. der Pronomina mit behandeln, die auch in den Grammatiken nur marginal erwähnt werden:

Umformung	Lat. Original
Caesar dicit:	Caesar negat
„Ego more et exemplo populi Romani	se more et exemplo populi Romani
possum iter nemini per provinciam dare."	posse iter ulli per provinciam dare.
Caesar ostendit: „Et si vim facere conamini, ego vos prohibebo."	Et, si vim facere conentur, prohibiturum ostendit.

6.3 Vertiefung einzelner Aspekte

Die Lehrbücher bieten in der Regel einesteils sprachlich sehr verdichtete, zum Zwecke der Grammatikerarbeitung geformte Texte, die andernteils ad usum Delphini auch einfach gehalten sein können. In der Lektürephase stoßen die Schüler dagegen auf anspruchsvolle, poetische oder in Kunstprosa verfasste Texte, die für kompetente, noch dazu rhetorisch-stilistisch geschulte Sprecher des Lateinischen konzipiert waren.

Um die Schüler an dieses Niveau heranzuführen, müssen die textgrammatisch wichtigen Erscheinungen vertieft werden, die in der Lehrbuchphase eher en passant vermittelt wurden: die Funktion der Pronomina, das Tempusprofil und v. a. die Mittel der stilistischen Gestaltung (v. a. Metaphern, Ellipsen und andere Wort- bzw. Satzstellungen). So werden die Schüler nicht vor den Kopf gestoßen und erleben das Gefühl der eigenen Kompetenz, wenn sie auf Bekanntes stoßen und darauf wiederum Neues aufbauen können.

Behutsame Vorbereitung auf die Originale!

6.4 Systematisierung

Die Lehrbuchphase hat zum Ziel, den Schülern Grundlagen zu vermitteln und sie rasch zum Verständnis und zur Übersetzung leichterer (Lehrbuch-)Texte zu führen. Die über Jahre verteilte Behandlung der einzelnen Phänomene lässt gelegentlich das System der Sprache, wie es die traditionelle Schulgrammatik herausgebildet hat, zurücktreten. Die Zusammenhänge im Bau dieses Regelwerks können nun vereinzelt verdeutlicht werden. Dies sei an einem praktischen Einzelbeispiel illustriert – hier der *coniugatio periphrastica* auf *-urus sim*:

Einfache lateinische Sätze, ggf. angereichert mit kulturgeschichtlichen Fragestellungen, können dies vorbereiten: *Quam longa hora nostra est?* Die Antwort wird lauten: „60 Minuten". Die Lehrkraft wird auf das Problem der antiken zwölf Stunden verweisen und sagen: „*Quam longa hora apud Romanos est? Id nescimus.*" Es folgt also: *Nescimus, quam longa hora <sit>←* Konj. im indirekten Fragesatz. Und – mit Verweis auf das Vergangene: *Nescimus, quam longa hora apud Romanos <fuerit>.* Die Lücke im System liegt im Futur, darauf führt die Lehrkraft hin: *Quam longa vita nostra erit?* Den Konjunktiv wird keiner bilden können, die Lehrkraft fügt ein: *Nescimus, quam longa vita nostra <futura> sit.* Nun kann die Lehrkraft in einer knappen Tafelskizze festhalten, dass *futura sit* der Ersatz des Konjunktivs Futur ist. Auf diese Weise ist das System des Konjunktivs im abhängigen Fragesatz auf alle Zeitstufen ausgeweitet und vervollständigt.

6.5 Ausweitung und Festigung des Wortschatzes

Der Kern des Grundwortschatzes muss „sitzen".

Je nach Lehrwerk lernen die Lateinschüler etwa 1200 Vokabeln oder mehr. Doch nach Beendigung der Spracherwerbsphase stehen den meisten Schülern längst nicht alle diese Vokabeln als wirklich erworbenes Wortschatzwissen für die Lektüre zur Verfügung. Galt vor ca. 40 Jahren noch ein Wortschatz von 2800 (!) Wörtern als lexikalisches Ziel des Lateinunterrichts (so die Wortkunde von Lindauer [1977, 2. Auflage 1996]), so stehen zwar heute in den Lehrplänen Zahlen von knapp über eintausend Wörtern; die Wirklichkeit dessen, was der durchschnittliche Schüler beherrscht, sieht indessen oft genug anders aus:

Auf der Fachtagung „Perspektiven für den Lateinunterricht" (Dresden, Dezember 2013) wurde von einer Umfrage des dortigen

Kultusministeriums berichtet, nach der bei Schülern allenfalls 400 Wörter (!) aus dem lateinischen Grundwortschatz im Langzeitgedächtnis verankert seien (KORN 2015: 30 f.).

Auch hierauf muss der Lehrer reagieren:

- durch Wiederholung derjenigen Wörter des Grundwortschatzes, die von besonderer Relevanz für den gerade gelesenen Autor sind (der *Bamberger Wortschatz* bietet in Form der Wortkunden *adeo-NORM* [Bamberg 2001] bzw. der Autorenwortschätze *adeo-PLUS* [Bamberg 2004] eine gute Basis hierfür)
- durch Wiederholung vor allem derjenigen Verben des Grundwortschatzes, die ein statistisch gesichertes hohes Aufkommen haben: Diese sind z. B. in der Schulgrammatik *forma* (Bamberg 2011, 66–84) bei den „Stammformen wichtiger Verben" durch Fettdruck hervorgehoben und lassen sich in kurzer Zeit für die Lektürephase wiederholen.
- durch Thematisierung wichtiger Wortbildungsregeln (vgl. *forma*, 14 f.), die eine große Menge weiterer Substantive, Adjektive und Verben erschließbar machen, auch für die romanischen Sprachen

6.6 Differenzierung als Handlungsfeld der Zukunft

Die Beobachtung der schulpolitischen Gegenwart zeigt, dass der Trend zum Gymnasium als Schulart ungebrochen ist. Entsprechend der soziologischen Struktur der Gesellschaft wird andererseits die Heterogenität der Schülerschaft – was ihre Herkunft, ihr Bildungsinteresse und ihre Begabungspotentiale angeht – wachsen. Mit Differenzierung im Unterricht, auch in den Aufgabenstellungen, darauf zu reagieren, wird eine der großen Herausforderungen des Lateinunterrichts der nächsten Jahre sein (vgl. KÜHNE/KUHLMANN 2015: 57–65; SCHOLZ [2]2011).

Differenzierte Schülerpopulation erfordert Differenzierung im Unterricht.

In der Lektürephase zeigen sich die Unterschiede schon heute deutlich; Schüler mit Wortschatzdefiziten müssen durch Wiederholungs- und Sicherungsaufgaben in Kleingruppen und Tutorials innerhalb und außerhalb des Unterrichts in ihren Grammatik- und Wortschatzkenntnissen gestützt – und in der Übersetzungstechnik geschult werden. Hier sind nicht nur die Lehrbücher gefordert, sondern vor allem das Hauptsubjekt des Unterrichts: die Lehrkraft.

Literatur

KIPF, STEFAN/KUHLMANN, PETER (Hgg.): Perspektiven für den Lateinunterricht. Ergebnisse der Dresdner Tagung vom 5./6.12.2013, Bamberg
2015.

KORN, MATTHIAS: Das Handlungsfeld Sprachunterricht, in: KIPF/KUHLMANN
(Hgg.) 2015, 27-33.

KÜHNE, JENS/KUHLMANN, PETER: Referendariat Latein, Berlin 2015, 57–65
(zu Formen der Differenzierung).

PFAFFEL, WILHELM: Grammatik in der Lektürephase, in: KUHLMANN (Hg.)
2014, 131–141.

SCHOLZ, INGVELDE: Denn sie wissen, was sie können. Kompetenzorientierte
und differenzierte Leistungsbeurteilung im Lateinunterricht, Göttingen
²2011.

7 Verbindung von Sprach- und Kulturkompetenz

7.1 Ziele – Möglichkeiten

Kulturkompetenz (s. Kap. 2.4) ist ein durchgängiges Ziel sowohl für den Sprach- als auch für den Lektüreunterricht. Sie meint zum einen die Fähigkeit, mit Texten und Inhalten aus fremden Zeiten und Kulturen zu kommunizieren, zum anderen auch die Fähigkeit, die eigene Kultur und ihre aus der antiken Tradition herreichenden Wurzeln besser zu erkennen. Im Rahmen des Sprachunterrichts freilich wird es einen rein realienkundlichen Unterricht nur in ganz seltenen Fällen geben: Vielmehr ergibt sich eine organische Verbindung zwischen Wortschatzarbeit und Kulturkompetenz in der Weise, dass die Schüler die hinter sehr vielen lateinischen Vokabeln stehenden semantischen bzw. kulturellen Konzepte oder umgekehrt die lateinischen Bezeichnungen für viele Besonderheiten der römischen Kultur kennenlernen. Dies kann auf unterschiedliche Weise geschehen:

- **themenorientiert**: wenn sich im Rahmen größerer Unterrichtsprojekte die Schüler mittels Referaten, Präsentationen usw. (ggf. ohne unmittelbare Sprach- bzw. Textarbeit) inhaltlich mit einem Thema befassen
- **projektorientiert**: wenn klassische Realia – z. B. antike Kleidung, Küche, Theater, Architektur, Spuren der Römer im Rahmen der Lokalgeschichte – im Unterricht erarbeitet werden und z. B. im Rahmen eines „Römertages" präsentiert werden

Auch wenn hier nicht eigentlich die Spracharbeit im Mittelpunkt steht, lernen Schüler durch Präsentationen oder Referate z. B. über den *cursus honorum*, was die Ämterbezeichnungen *quaestor, aedilis, praetor, consul* usw. bedeuten bzw. welche politische Idee dahinter steht.

7.2 Themen

Die neueren Lehrbücher für den Sprachunterricht (besonders breit: *Pontes* 1, Stuttgart/Leipzig 2014) bieten reiche Materialien zur Erarbeitung einzelner Realienkomplexe, z. B. zu folgenden Themen:

- **Antike Kleidung** – Projekt zur Vorbereitung einer Präsentation: Schüler entwerfen, angeleitet von dem Lehrer und unterstützt von Angehörigen, römische Kleidungsstücke – Sklaventuniken, Togen, Frauenkleider – und präsentieren ihre Produkte, in die sie sich kleiden, anlässlich eines Projekttags. Die Lehrbücher bieten häufig Zusatztexte mit den wesentlichen Informationen, z. B. *prima.nova* in Kap. 7, dessen Lesetext auch den Titel „Modenschau" trägt.

• **Römische Küche:** Die Schüler erstellen mithilfe der Lehrkraft und kochkundiger Eltern römisches Essen, von kleinen Vorspeisen bis zum Braten im Teigmantel; bei einem Römerabend oder im Rahmen eines „Tags der offenen Tür", der oft ein attraktiver Werbeanlass für das Fach ist, werden die Erzeugnisse angeboten, am besten von den jungen Römerinnen und Römern, die sich bereits in antike Gewänder gehüllt haben. Wenn parallel dazu noch römische Musik erklingt oder kleine lateinische Texte gesprochen werden, gewinnen die römische Kultur und die lateinische Sprache ein neues, reales Leben.

• **Etrusker** – parallel zu einer Sequenz des Lehrbuchs: Das Lehrbuch *Campus, Ausgabe A* (Bamberg 2012) bietet in der Sequenz „Geheimnisvolle Nachbarn – Rom und die Etrusker" in den Kapiteln 16 und 17 auf insgesamt zehn Seiten einen „Etruskerkrimi", dessen Plot im Diebstahl eines etruskischen Ritualbuchs und dessen Wiedergewinnung im antiken Ostia besteht.

Schüler können einleitend, parallel zu diesen Texten, Referate z. B. zu folgenden Themen halten:

• Geschichte der Etrusker
• Gräberstädte und Sarkophage der Etrusker
• Schrift der Etrusker
• Etruskische Malerei
• Der Hafen von Ostia
• Feuerwehr und Polizei bei den Römern

Die Lehrkraft sollte sie allerdings bei der Auswahl der Quellen beraten, damit die Schüler nicht ausschließlich auf Wikipedia-Artikel angewiesen sind.

Der **Vorteil** dieses Vorgehens gegenüber dem herkömmlichen Lesen und Besprechen der Realienseiten des Lehrbuchs liegt in der größeren Aktivierung der Schüler und einer abwechslungsreichen Verlebendigung des Unterrichts.

Literatur

KREFELD, HEINRICH: Res Romanae compact, Berlin 2010.

KREFELD, HEINRICH: studeo. Wege zum Latein-Lernen, Berlin 2004.

MÜHL, KLAUS: Felix. Das Sachbuch, Bamberg 1999.

MÜLLER, ARMIN: Die Welt der Römer, Münster 1999.

SCHAREIKA, HELMUT: prima. Sachbuch. Alles zum antiken Rom, Bamberg 2008.

8 Latine loqui und viva vox Latina im Lateinunterricht

8.1 Historische Skizze

Latine loqui war bis vor ca. 100 Jahren eine geläufige Methode im Lateinunterricht. Bis ins 16. Jahrhundert hinein war Latein die Unterrichtssprache des „Grammatikunterrichts" und so sehr die Regel, dass es den Schülern nach den alten Schulordnungen der frühneuzeitlichen Gymnasien und Lateinschulen in der Regel verboten war, während der Pausen Deutsch zu sprechen. Haupttextbasis war Terenz, mit allen Formeln der Umgangssprache. Ausgeweitet wurde das Lateinsprechen v. a. durch die Humanisten (Erasmus von Rotterdams *Colloquia*); lateinische Abituraufsätze waren bis Ende des 19. Jahrhunderts selbstverständlich.

Das Übersetzen ins Lateinische wird zur Festigung der Morphologie anhand einfacher Sätze im Anfangsunterricht mancher Bundesländer praktiziert. Die Konzentration auf die Fähigkeit zur Analyse der lateinischen Sprache im Verbund mit den v. a. im G8 gekürzten Stundentafeln lassen allenfalls Rudimente eines *Latine loqui* zu – auch wenn namhafte Befürworter wie Caelestis Eichenseer, Wilfried Stroh oder Klaus Sallmann seit langem das *Latine loqui* praktizieren und propagieren, um die aktive und affektive Dimension des Lateinischen erlebbar zu machen.

Belastbare wissenschaftliche Untersuchungen zu den Auswirkungen des *Latine loqui* fehlen, wären aber dringend wünschenswert.

8.2 Formen des Latine loqui im Sprachunterricht

- Latein **hören**: nach Ende eines L-Stückes den übersetzten Text auf Latein wiederholen
- Latein **lernen**: Auswendiglernen von Gedichten, Prosa, Liedtexten
- Latein **singen**: lateinische Kinderlieder, lateinische Kirchentexte, Studentenlieder, neue Vertonungen, z. B. von Jan Novák
- Latein **spielen**: lateinische Szenen (selbst verfasst, nach Lesestücken, Auszüge aus Komödien, Dialogisierung größerer Textpartien, Spiel „echter" Dialoge, z. B. der *Schwätzersatire* von Horaz [*Sat.* 1,9])
- Latein **sprechen**: die üblichen Schulfloskeln wie *„Salvete, discipuli"*, *„Surgite/Considite"*, *„Transfer"*, *„Responde"* usw.
- Einstiegssätzchen auf Latein (zu bekannten Themen!)
- Abschlusssätzchen (Fragen) zu einem behandelten Stück

- Lesestück, Mythos usw. auf Latein mit lateinischen Fragen als Kontrolle
- Einführungsgespräch mit Schülern, ggf. auch zu aktuellen Themen oder zu Bildern (erfordert Training)
- Latein **erleben**: lateinische **Stadtführungen** für Schüler (mit einfachem Latein, aber viel Deixis auf die Objekte, ggf. mit Grafiken untermalt), bei Schülern v. a. der Unterstufe sehr beliebt!

Literatur

ALBERT, SIGRIDES: Imaginum vocabularium Latinum, Saarbrücken 1998.

BETHLEHEM, ULRIKE: Latine loqui: gehört – gesprochen – gelernt. Kopiervorlagen zur Grammatikeinführung, Göttingen 2015.

CAPELLANUS, GEORG: Sprechen Sie Lateinisch? Moderne Konversation in lateinischer Sprache, Berlin [8]1925.

EICHENSEER, CAELESTIS: Latinitas viva. Pars cantualis, Saarbrücken 1986.

FRITSCH, ANDREAS: Lateinsprechen im Unterricht: Geschichte – Probleme – Möglichkeiten (= Auxilia 22), Bamberg 1990.

Formulae Latine loquendi pueriles. Begonnen von SEBALD HEIDEN, Stuttgart 1990 (Nachdruck der Ausgabe von 1685).

HOFMANN, MECHTILD/MAIER, ROBERT: Septimana Latina, München 2011.

KUHLMANN, PETER: Possuntne discipuli nostri Latine loqui?, in: Forum Classicum 56,3 (2013), 197-202.

ØRBERG, HANS H.: Lingua Latina per se illustrata, Kopenhagen 1991.

SALVE, PIPER: Cursus Vivae Latinitatis, Frankfurt 1998.

STROH, WILFRIED: Hilfen zum Lateinunterricht. Bibliographie von hundert ausgewählten Titeln, in: Der Altsprachliche Unterricht 37,5 (1994), 76–95.

WAGNER, ULRIKE: Locutiones scholasticae: Latine loquamur, Herrsching 2000.

Der Altsprachliche Unterricht 56,2 (2013).

„Experimentum Romanum" im Schulfernsehen des SWR/WDR: http://www.planet-schule.de/sf/php/02_sen01.php?reihe=1185 bis

9 Neue Medien im Lateinunterricht: Lernmedien – Internet – Film

Kreide und Tafel haben Konkurrenz bekommen durch Beamer und Whiteboard. An PC, Videosequenzen, Internet und hochleistungsfähiges Handy sind die Schüler mittlerweile gewöhnt, auch elektronische Nachrichten als Kontaktmedium mit Eltern und Schülern sind aus dem Alltag von Lehrkräften nicht mehr wegzudenken: Eine neue technologisch versierte und interessierte Generation von Schülern (und Eltern) hat die „Buch- und Tafelgeneration" abgelöst und stellt den Unterricht vor neue Möglichkeiten und Herausforderungen.

Viele Schüler lassen sich durch den Wechsel zu einem neuen Lernmedium stark motivieren. Ob der Einsatz von Computer, „Apps", Lernsoftware und Whiteboard sich auch nachhaltig auf die Verbesserung der Lateinkompetenz auswirkt, wäre durch fundierte empirische Forschungen noch zu prüfen; den neuen Technologien verschließt sich der altsprachliche Unterricht jedenfalls nicht, auch unter dem Aspekt, dass die Schüler sich die neuen Medien von sich aus zunutze machen.

9.1 Computereinsatz im Unterricht

Unterscheiden kann man prinzipiell zwei Arten des Computereinsatzes: Ein PC ist im Klassenzimmer installiert und steht den Schülern für bestimmte Unterrichtsphasen oder -formen zur Verfügung, etwa als Instrument der Recherche bei einem Lernzirkel. Die andere Form des individualisierten Lernens setzt einen PC für jeden Schüler voraus, wie es durch sog. „Laptop-Klassen" oder Unterricht im Computerraum gewährleistet ist. Hier bearbeitet der Schüler einzeln, allenfalls mit einem Partner, die Programmphasen eines Lernprogramms gemäß seiner eigenen Lernfähigkeit, kann das Lerntempo und auch die Lernschritte, gesteuert durch den Computer, selbst bestimmen. Der Lehrer nimmt die Rolle des Beraters und Beobachters ein und hat rasch den Überblick, wer mit welchem Erfolg schon wie weit in seinem Arbeitsprogramm vorangeschritten ist.

9.1.1 Vokabeltrainer

Die größte Verbreitung haben Vokabeltrainer auf CD oder als Anwendung für Smart- und i-phones (z. B.: *Phase 6*; *Navigium*) gefun-

den, meist im selbstgesteuerten Lernen, z. B. auch in Intensivierungs-
oder Übungsstunden.

Lernsoftware wird dabei meist mit Bezug auf ein konkretes (latei-
nisches) Lehrwerk eingesetzt. Das Lernprogramm erlaubt es Lehrkräften und Schülern, den Wortschatz zu einzelnen Kapiteln, zu ganzen Reihen von Kapiteln bis hin zum gesamten Lehrwerk auf
individuelle Bedürfnisse so zuzuschneiden, dass die Lernwörter wiederholt und die „Treffergenauigkeit" gemessen und bewertet werden
kann.

Ein Defizit bisheriger Vokabeltrainer ist der fehlende Kontextbe-
zug: Vokabelbedeutungen werden nur als „Listenwissen" trainiert,
obwohl im Text für die sehr häufig polysemen Vokabeln die dort
passende Bedeutung gefunden werden muss (sog. „Monosemie-
rung"). Insofern können elektronische Medien bislang kaum alle
beim Wortschatzlernen erforderlichen Kompetenzen abdecken.

9.1.2 Kombinierte Formen- und Vokabeltrainer

Andere Programme bieten neben dem Vokabeltrainer auch compu-
tergestützte Übungen an, meist Ergänzungs- oder Zuordnungsübungen, auch Kreuzworträtsel. In der Regel sind diese Programme auf
ein Lehrbuch bezogen, z. B. *LateinLIFT 3.0* zu allen modernen
Sprachlehrgängen aus dem Buchner Verlag.

Da die Kapazitäten der Lernprogramme derzeit noch beschränkt
sind, fehlt in der Regel eine Fehleranalyse, die dem Schüler sofortige
Rückmeldung über die Ursache seines Fehlers geben könnte, wie sie
der Lehrer im Unterricht meist rasch liefern kann; die Benutzer
müssen sich vielmehr anhand der „richtigen" Lösung selber auf die
Suche nach ihren Fehlern machen.

Doch wie funktionieren die Programme ganz praktisch? Nach
einer Aufforderung wie: „Tippe die fehlenden Formen in die Tabelle ein" geben die Schüler ihre Lösungen per PC ein (das kursiv Gedruckte sind die einzutragenden Schülerlösungen):

Übersetzung	Nom. Sing.	Gen. Singular	Nom. Plural	Gen. Plural
die Welt	mundus	*mundi*	*mundi*	*mundorum*
der Altar	ara	*arae*	arae	*ararum*
das Geheimnis	*secretum*	*secreti*	secreta	*secretorum*

9.1.3 Übersetzungstrainer

Entsprechend fehlen auch regelrechte Übersetzungsprogramme, die dem Schüler für die Herübersetzung von Sätzen aus dem Lateinischen die Menge aller richtigen Lösungen samt Fehlerdiagnose und ggf. -therapie gäben. Hinübersetzungen einzelner Formen oder einfachster kurzer Sätze hingegen sind, da sich dabei in der Regel nur eine einzige „richtige" Lösung ergibt, für Computerprogramme kein Problem und finden sich in mehreren Lernprogrammen.

9.1.4 Lern-Apps

Ein i-Phone oder Smartphone ist derzeit Statussymbol auch für Schüler der Mittelstufe; so ist zu erwarten, dass das Herunterladen von Lernprogrammen, v. a. von „Lern-Apps" (für Handys verschiedenen Typs) und/oder Filmausschnitten, in den außerschulischen Alltag der Schüler einzieht. Via Smartphone bzw. i-Phone sind auch nützliche Tools verfügbar (z. B. *Navigium* oder die *Pons*-Anwendungen), die Schülern bei der Wortschatzsuche helfen können. Diese Anwendungen unterstützen Latein Lernende, anders als gedruckte Wörterbücher, auch bei der Grundformensuche, z. B. beim Auffinden der Wörterbuchform (*ferre/fero*), wenn man die flektierten Formen des Textes (z. B. *tulissent*) eingibt. Spezielles Training von nd-Formen und abl. abs. bieten die Apps von *Vimana*. Gerade beim Lektürebeginn im spätbeginnenden Lateinunterricht könnten diese Nutzungsmöglichkeiten den Spracherwerb unterstützen. Die Chancen und Risiken, die die neue Technologie für den Unterricht allgemein und damit auch für den Lateinunterricht mitbringt, müssen hier sorgfältig abgewogen werden, ebenso die rechtliche Problematik, die sich aus der unterrichtlichen Verwendung fremdproduzierter Programme oder Filmausschnitte ergibt.

Apps im Lateinunterricht

9.2 Filmeinsatz

9.2.1 Latein im Film

Der Filmeinsatz im Lateinunterricht ist insofern attraktiv, als er die Jahrtausende zurückliegende römische Kultur, Geschichte und Architektur in lebendigen Bildern rekonstruiert und den Schülern quasi-authentisch erlebbar macht. Dass es sich – jedenfalls bei Spielfilmen – um moderne Vorstellungen über die Antike handelt, sollte die Lehrkraft wie beim Einbezug von Historiengemälden den Schülern stets bewusst machen. Im Folgenden werden die häufigsten im Lateinunterricht eingesetzten Filmgenres an einigen Beispielen vorgeführt: Der lateinische Sprachlehrfilm, der Spielfilm und die TV-Dokumentation.

1) **Armilla als lateinischer Sprachlehrfilm**

Einen neuen Weg, Latein sichtbar und hörbar zu machen, beschreitet der Sprachlehrfilm *Armilla* („der Armreif"). In 25 Szenen, deren Grammatikstoff eng an das Lehrwerk *prima* angelehnt ist, wird der Grammatikstoff von ca. 15 Monaten Lateinunterricht erarbeitet. Dem Film liegt eine durchgehende Kriminal- und Abenteuerhandlung zugrunde. Latein ist hier die ausschließliche Kommunikationssprache und wird auch in Form von Untertiteln geboten. Die Szenen dauern zwischen fünf und sieben Minuten (Gesamtspieldauer: 2½ Stunden) und bieten jeweils einen ganz bestimmten Grammatikstoff. Die begleitende Lernsoftware bietet zusätzliche Erläuterungen und auf den jeweiligen Stoff abgestimmte Übungen.

2) **Passion** (Constantin Film Verleih, 2003)

Als echter Kunstfilm gestaltet ist Mel Gibsons *Passion* (Die Passion Christi), in dem ausschließlich Lateinisch oder Aramäisch gesprochen wird. Er stellt die letzten zwölf Stunden im Leben Jesu Christi dar, zum Teil mit Drastik und übertriebener Grausamkeit. Gleichwohl könnten viele Passagen, die in grammatisch korrektem Latein gesprochen werden, wegen ihrer Professionalität für den Lateinunterricht (ggf. auch für ein fächerübergreifendes Projekt für Latein – Geschichte – Religion) fruchtbar gemacht werden.

3) **Die Päpstin** (Constantin Verleih, 2009)

Die erfundene Geschichte der späteren Päpstin Johanna (die Story beginnt im frühen 9. Jahrhundert) schildert zu Beginn ausführlich die Kindheit des hoch begabten Mädchens Johanna, das gemeinsam mit seinem Bruder von einem Mönch in Latein, Schreiben und Lesen unterwiesen wird. Diese Passagen enthalten nicht nur höchst lehrreiche Passagen über Schreib- und Schulwesen des frühen Mittelalters, sondern eine ganze Reihe von ausschließlich auf Lateinisch geführten Dialogen und könnten im Lateinunterricht der Mittelstufe, auch in Verbindung mit dem Geschichtsunterricht, bestens eingesetzt werden.

4) **Experimentum Romanum** (SWR *planet schule* 2013)

Der öffentlich-rechtliche Sender SWR hat unter dem Titel *Das Römer-Experiment* eine achtteilige Reihe zum römischen Alltagsleben – v. a. in den germanisch-keltischen Provinzen – produziert, deren einzelne Folgen 15 Minuten dauern. Die Folgen geben einen Überblick über römisches Essen, Militär, Gladiatoren, Religion, Stadtleben und antike Technik, flankiert von Experten-Interviews und Reenactment-Szenen. Seit 2013 ist eine teilweise lateinische Übersetzung dieser acht Folgen im Internet verfügbar. Die Interviews blieben im deutschen Original erhalten, um den Zuschauern deutsche „Verstehensinseln" zu ermöglichen.

Die Texte der Folgen sind zusammen mit Unterrichtsmaterial verfügbar auf der Homepage des SWR *(planet schule)*; zudem können auf dem Bildschirm wahlweise deutsche oder lateinische Untertitel der Sprechtexte eingeblendet werden. Einsetzbar sind die Filme ab dem Ende der Lehrbuchphase; zusätzliche Informationen zum Unterrichtseinsatz bei KUHLMANN 2013.

9.2.2 Latein im Internet

Das inzwischen unüberschaubare Angebot des Internets zu Latein hat eine Licht- und eine Schattenseite: Anders als im Printbereich, wo Redaktions- und Lektoratssysteme professionelle Qualitätssicherung betreiben, stehen im Netz hochqualitative, wissenschaftlich abgesicherte Auftritte neben halbgebildeten bzw. gänzlich falschen oder eindimensionalen bzw. ideologisch verzerrten Beiträgen. Die Kunst der Lehrkraft ist es, den Schülern beispielhaft Qualitätsunterschiede vor Augen zu führen und sie für die Tatsache zu sensibilisieren, dass etwa die Vielzahl identischer Beiträge nicht automatisch deren Glaubwürdigkeit erhöht, sondern schlicht auf leichtes Duplizieren durch die Copy-and-Paste-Methode zurückgeht. Unbestritten stellt das Internet eine reichhaltige Fundgrube zu allen relevanten Themen des Lateinunterrichts dar, ob es sich um Realienkunde, Bild- oder Filmmaterial, Texte, Übersetzungen und Interpretationen u. v. m. handelt; die Lehrkraft sollte aber ein Bewusstsein dafür schaffen, dass das Internet keineswegs die einzige Quelle der Informationsbeschaffung sein darf, sondern dessen Inhalte durch gedruckte Medien verifiziert werden müssen.

9.3 Elektronische Tafeln/interactive boards

Ganz neue Chancen zur Veranschaulichung und Schüleraktivierung bieten interaktive elektronische Tafeln, die White- bzw. Smartboards.

Mit einfachen Schritten kann man an der elektronischen Tafel Texte markieren, Wörter oder Formbestandteile verschieben oder zusammensetzen. Auch hier gilt, wie bei Computer und Lern-Apps: Die Effizienz der interactive boards ist fachdidaktisch und pädagogisch bzw. lernpsychologisch u. E. noch nicht hinreichend erforscht.

Die Einsatzmöglichkeiten der von den Schulbuchverlagen zur Verfügung gestellten Tools für White- bzw. interactive boards sind mittlerweile so ausgefeilt, dass sich für Lehrkräfte der Besuch von Fortbildungen empfiehlt, um alle technischen Möglichkeiten sinnvoll und erschöpfend ausnutzen zu können.

Literatur

BECHTHOLD-HENGELHAUPT, TILMAN: Alte Sprachen und neue Medien, Göttingen 2001.

BECHTHOLD-HENGELHAUPT, TILMAN: Computer im Lateinunterricht – Überlegungen und Erfahrungen, in: www.hengelhaupt.de/latein/com-la.html#

JUNKELMANN, MARCUS: Hollywoods Traum von Rom: „Gladiator" und die Tradition des Monumentalfilms, Mainz 2004.

KUHLMANN, PETER: Das „Römer-Experiment" auf Latein: Sprach- und Kulturkompetenz in einer lateinischen TV-Dokumentation von „Planet Schule", in: Der Altsprachliche Unterricht 56,2 (2013), 54–58.

PFAFFEL, WILHELM: Stoffaneignung und Stofffestigung: Latein im Film, in: MAIER, FRIEDRICH/WESTPHALEN, KLAUS (Hgg.): Lateinischer Sprachunterricht auf neuen Grundlagen II. Innovationen in der Praxis (= Auxilia 60), Bamberg 2008, 114–129.

10 Musik im Lateinunterricht

Innerhalb des Katalogs der *septem artes liberales* war die Musik verankert im *quadrivium* – während die den heutigen Sprachunterricht dominierende *grammatica* neben Rhetorik und Dialektik zum *trivium* gehörte und den Schülern zumindest heute sicher nicht „trivial" vorkommt.

Im Rahmen des Lateinunterrichts spielt die Musik eine untergeordnete Rolle. Dabei bietet die Musik viele ungeahnte Möglichkeiten, auch den Sprachunterricht nicht nur aufzulockern, sondern ihn – und die Schüler – nachhaltig zu bereichern.

10.1 Ziele

- Pädagogisch lässt sich die affektive Komponente der gehörten Musik mit dem kognitiv ausgerichteten Sprachunterricht als zusätzliches Movens nutzbar machen.
- Es lassen sich manche sprachlich-grammatischen Informationen durch die Musik festigen und habitualisieren, wie es die modernen Fremdsprachen mit einfachen Liedern wie z. B. dem französischen Kanon *Frère Jacques, dormez-vous?* in einer frühen Phase des Sprachunterrichts tun.
- Außersprachliche Gestaltungsmittel der Musik (Lautstärke, Tonhöhe oder -tiefe, Pausen usw.) können zur Interpretation von Texten beitragen – man denke an die Vertonungen von Carl Orff.

10.2 Beispiele

Der lateinische Sprachunterricht wird sich zweckmäßigerweise auf einfache Texte und singbare Melodien beschränken – und darf sich dabei durchaus der Unterstützung der Kollegen aus dem Musikfach bedienen. Denken könnte man z. B. für die Unterstufe an klassische Kinderlieder mit neuen lateinischen Texten, an alte, ursprünglich auf Latein verfasste Kirchenlieder wie das Pfingstlied *Veni creator spiritus* (zur Melodie von *Komm, Schöpfer Geist*), an das Adventslied *Gott, heilger Schöpfer aller Stern* mit dem lateinischen Text *Conditor alme siderum* (10. Jh.), an lateinische Weihnachtslieder wie *Quem pastores laudavere* oder an Mischtexte wie *In dulci iubilo*.

Außer diesen traditionellen Kirchenliedern gibt es auch moderne lateinische Texte, etwa den seinerzeit unternommenen Versuch, den Rap-Song *Die da* der „Fantastischen Vier" zu latinisieren *(Ista)* und

damit anschlussfähig zu machen – allerdings sollte die Lehrkraft ab-
wägen, ob solches von Schülern nicht auch als peinliche Anbiede-
rung an den Zeitgeist empfunden werden kann.

Weniger zum Singen im Klassenverband geeignet, aber doch zum
Hören zu empfehlen sind ausgewählte Lieder aus Carl Orffs *Carmina
Burana* (z. B. das Eingangslied *O Fortuna*) oder – ebenfalls zu Texten
aus den *Carmina Burana* – moderne Vertonungen von Jan Novák (aus
seinen *Cantica Latina*) wie das schlichte *Stetit puella*.

Das Vorgehen im Rahmen des Unterrichts variiert, je nach der
Leistungsfähigkeit der Schüler und der Musikalität des Lateinlehrers
(oder der Kooperationsbereitschaft seines Musikkollegen).

Variante 1: Vom Text zum Klang: Besprechung des Texts zuerst,
dann rhythmisches Sprechen mit oder ohne Klatschen oder
Rhythmusinstrument(en), dann Vorsingen (durch Lehrer, einen mu-
sikalischen Schüler, von einem Tonmedium), schließlich Singen im
Klassenverband. Ideal wäre am Ende das auswendige Singen, damit
sich Text und Melodie bei den Schülern einschleifen.

Variante 2: Vom Klang zum Text: Anhören oder Einsingen zuerst, dann Singen mit Text, schließlich Übersetzung des Texts und
abschließendes, erneutes Singen.

Literatur

DRAHEIM, JOACHIM: Vertonungen antiker Texte und ihre Behandlung im
Unterricht, in: Der Altsprachliche Unterricht 23,5 (1980), 6–27.

DRAHEIM, JOACHIM: Vertonungen antiker Texte vom Barock bis zur Gegenwart, Amsterdam 1981.

RIETMANN, JOHANNES: Amor docet musicam: Jan Nováks Cantica Latina, in:
Der Altsprachliche Unterricht 33,4 (1990), 5–24.

SIEWERT, WALTER: Das Lied im lateinischen Anfangsunterricht, in: Der Altsprachliche Unterricht 23,5 (1980), 53–65 (Anhang 88–105: 23 lateinische Lieder).

STRUNZ, FRANZ: Catulli Carmina. Zur Interpretation der ludi scaenici Carl
Orffs, in: Der Altsprachliche Unterricht 33,4, 25–40.

Liedsammlungen:

EICHENSEER, CAELESTIS: Latinitas viva. Pars cantualis, Saarbrücken 1986.

Gaudeamus igitur. Laßt uns fröhlich sein. Historische Studentenlieder. Zu-
sammengestellt, bearbeitet und kommentiert von GÜNTER STEIGER und
HANS-JOACHIM LUDWIG, Augsburg 1987.

Cantica Latina. Poetarum veterum novorumque carmina ad cantum cum clavibus modis instruxit JAN NOVÁK, München/Zürich 1985.

SCHLOSSER, FRANZ: Cantando discimus. Lieder und Songs – latinisiert, illustriert, annotiert, „grammatisiert", Bamberg 2010.

Cantate Latine. Lieder und Songs auf lateinisch. Übersetzt und herausgegeben von FRANZ SCHLOSSER, Stuttgart 1992.

11 Szenisches Spiel im lateinischen Sprachunterricht

11.1 Grenzen und Möglichkeiten

Wenn im Unterricht Schüler als Schauspieler Texte „spielen", sich bewegen und miteinander über das Medium der Sprache wie auf einer Bühne agieren, kann man von einem „szenischen Spiel" sprechen.

Vorzüge des lateinischen Schulspiels

Die **Vorzüge** des fremdsprachigen szenischen Spiels bzw. Schulspiels sind aus dem neusprachlichen Unterricht gut bekannt. Die Schüler lesen nicht einfach aus Texten mit verteilten Rollen, sondern agieren im Raum mit Gestik und Mimik und können sich anders als im üblichen Unterricht einbringen; nebenbei festigen sich durch das ständige Wiederholen und Einstudieren die Wörter, Formen und Strukturen. Schließlich entsteht durch szenische Aufführungen ein starker affektiver Bezug zum gespielten Inhalt und der dabei verwendeten sprachlichen Form, sodass diese Form der Unterrichtsgestaltung die Motivation beim Lateinlernen erhöhen kann.

11.2 Beispiele

Die Stücke der heutigen Lehrwerke bieten einfache Möglichkeiten, Schüler zum szenischen Spiel zu bringen. Das lässt sich schon im Anfangsunterricht erreichen. Beispiel: *Campus*, Ausgabe A, Kap. 5, T3: „Ist Cornelia eine Sklavin?" Thema des Lesestücks ist ein kleiner Wortwechsel zwischen einem Sklavenhändler und dem Mädchen Cornelia, das von ihren Freunden Titus und Paulus begleitet wird, grammatisch geht es um Substantive und Adjektive der o-Deklination auf *-(e)r* wie *puer, ager* bzw. *pulcher, miser* und *liber*. Die folgende Übersicht bietet beispielshalber den Text mit dazu passenden Regiebemerkungen. Spieler: Der Sklavenhändler (V.), Sklave (S), Cornelia (C.), Paulus (P.), Titus (P.) und etliche Statisten.

Text	Regiebemerkungen
Venalicius: „Audite, viri Romani! Veni, puer! Venite ad me, o pueri puellaeque! Hic vobis servum bonum praebeo: Ex Africa venit. Campos et agros Romanos non timet. In cunctis campis agrisque bene laborat!	V. auf Podium, ein dunkel geschminkter Sklave (S). V. preist seine Ware marktschreierisch an. Das Publikum gibt bewundernde Laute von sich: „Oh, ah!" usw. S. lässt seine Muskeln spielen und zeigt Stärke mit einer Hantel o. Ä.
Domino semper paret ut puer magistro. Dominus imperat et servi mei statim properant.	S. geht auf Wink des V. in die Knie. Andere Sklaven parieren ebenfalls auf Geheiß des V., wenn er ruft: „Humum! Surgite! Ridete!"
Venalicius: „Servus meus etiam pulcher est. Et niger est.	V. preist Gesicht und Muskeln des S. an.
Ah, puella! Et tu pulchra es, sed neque nigra neque candida es. Esne serva?"	Er lockt C. nach vorne, die sich zunächst sträubt, aber von Paulus ganz frech nach vorne geschoben wird.
Cornelia: „Serva non sum. Sum libera. Sum filia liberi viri Romani, neque filia servi nigri neque filia servae candidae sum!	Da wird C. kecker und spricht mit ähnlichen „großen" Gesten wie vorhin der Sklavenhändler.
Sed videsne puerum? E Syria venit. Servus est, servus miser. Etiam vita pueri misera est!"	C. zieht nun umgekehrt Paulus vor den V. und zeigt auf ihn. V. schnalzt mit der Zunge, als er P. sieht und möchte ihn anfassen.
Statim Paulus clamat: „Sic non est: Servus miser non sum. Romanus et liber sum, vita mea est vita Romani liberi!"	P. protestiert entsetzt, weil er Angst hat, vom V. vereinnahmt zu werden.
Et Titus: „Sic est! Nos cuncti non sumus servi, sed liberi! Vita nostra misera non est."	Jetzt mischt sich Titus ein.
Nunc venalicius ridet: "Verba vestra bona sunt. Adhuc pueri et puellae estis et magistris tantum in ludo paretis; itaque miseri non estis!"	Da muss V. lachen. Er zeigt gestisch, dass die Kinder noch „klein" sind – und nur ihrem Lehrer gehorchen müssen.

Im Grunde bietet fast jeder Lektionstext eines Lehrbuchs Gelegenheit, szenische Spieleinlagen zu versuchen. Mit dem Einbau eines Erzählers, der ggf. auf Deutsch einem größeren Publikum die Zusammenhänge herstellt und/oder die Regiebemerkungen mit seiner Rolle als Dolmetscher verbindet, lassen sich auch Elternabende humorvoll und beeindruckend gestalten: Eltern, die ihre Kinder auf Lateinisch spielend und sprechend erleben, tragen – erfahrungsgemäß – die Begeisterung für die angeblich „tote" Sprache weiter.

Auch „Tage der offenen Tür" der einzelnen Schulen bieten ideale Gelegenheiten, mit gespielten lateinischen oder mit lateinisch-deutsch gemixten Texten die Lebendigkeit des (gesprochenen) Latein vorzuführen. Dem Erfindungsreichtum der Lehrkräfte sind keine Grenzen gesetzt: Vom Spielen einer Unterrichtsstunde mit reichlich gesprochenem Latein über das Vorspielen einer aus dem Lehrbuch entnommenen Einzelszene bis hin zum Vorspielen einer (fiktiven) römischen Unterrichtsszene (wo die römischen Kinder ggf. sogar das [Neu-]Germanische erlernen sollen) reicht die Palette der Möglichkeiten.

Der allgemein anerkannte erzieherische Wert des Schulspiels, der Reiz des gesprochenen und gespielten Lateins und die Begeisterungsfähigkeit der Schüler v. a. der Unterstufe greifen hier ineinander.

Literatur

Theorie:

LEHNER, RUDOLF: Darstellendes Spiel im Deutschunterricht, München 1965.

PFAFFEL, WILHELM: Mut zur Komödie! Ein Plädoyer für Plautus und Terenz, in: Dialog Schule und Wissenschaft (1988), 131–159.

RAUSCHER, HERBERT: Darstellendes Spiel im altsprachlichen Unterricht, München 1966, 57–65.

SCHWINGE, GERHARD: Das Spiel im altsprachlichen Unterricht, in: Anregung 22,3 (1976), 177 f.

VEIT, GEORG: Fabula agitur! Gedanken und Hilfen zum lateinischen Schultheater, Stuttgart 1992.

VEIT, GEORG: Möglichkeiten und Schwierigkeiten des lateinischen Schultheaters, in: Der Altsprachliche Unterricht 29,5 (1986), 88–93.

Texte (Beispiele):

PFAFFEL, WILHELM: Edeltraud et Curtius – Was hochbegabten Schülern alles einfällt, in: Anregung 45,1 (1999), 2–10 (lateinisch-deutscher Mischtext).

PFAFFEL, WILHELM: Plautus, Rudens. Lateinische Übergangslektüre zur Einübung bzw. Wiederholung der Gliedsatzlehre, Bamberg ²2006.

SCHWINGE, GERHARD: Pyramus et Thisbe. Eine Groteske in lateinischer Sprache, Bamberg 1981.

12 Das Unterrichtsgespräch im Lateinunterricht

12.1 Bedeutung im Unterricht

Die „Hattie-Studie" (2009 bzw. 2013; s. Kap. 1.3.7) hat deutlich gemacht: Ein ganz wesentlicher Faktor für den Lernerfolg ist die Lehrkraft, und zwar insbesondere das "Feedback", das sie dem Schüler gibt (BEYWL/ZIERER 2013: 131–156). Dieses Feedback „kann auf vielerlei Arten gegeben werden, z. B. durch affektive Prozesse; verstärkte Anstrengung; Motivierung oder Beteiligung; Anbieten unterschiedlicher kognitiver Verfahren; Umstrukturierung des Verständnisses; Bestätigung, dass Schüler richtig oder falsch liegen; Hinweise, dass mehr Informationen verfügbar oder nötig sind; Aufzeigen von Richtungen, die die bzw. der Lernende einschlagen kann, oder von alternativen Strategien, mit denen eine bestimmte Information verstanden werden kann." (131)

Auch wenn zur konkreten Umsetzung des idealen Feedbacks an deutschsprachigen Schulen noch empirische Studien fehlen, dürfte doch nach der gerade genannten Auflistung deutlich sein: Ein zentrales Medium, ein pädagogisch wertvolles Feedback zu geben, ist das Unterrichtsgespräch.

An dieser Stelle werden einige ausgewählte Aspekte des Unterrichtsgesprächs behandelt, insofern sie für den lateinischen Sprachunterricht relevant sind. Die hier vorgestellten Beispiele stammen aus Protokollen **realer** Unterrichtsstunden und sollen verschiedene Facetten von Unterrichtsgesprächen im Lateinunterricht zeigen.

Das gute Gespräch ist ein Schlüssel zum Erfolg des Unterrichts. Dieser Erfolg ist erlernbar.

12.2 Dimensionen des Gesprächs

12.2.1 Grundelemente
Im Wesentlichen lassen sich folgende drei Grundelemente des Gesprächs herausschälen:
• Fragen
• Operatoren und Impulse
• Aufnahme von Antworten

12.2.1.1 Fragen
Einteilung
Vielfach kommen **Entscheidungs-** und **„W-Fragen"** im Unterricht zum Einsatz: „Wer? Was? Wann? Wo? Wie? Weshalb?". Erwartet

wird meist eine punktuelle Antwort, die im Extremfall (bei W-Fragen) aus einem einzigen Begriff oder eben (bei Entscheidungsfragen) aus „Ja" bzw. „Nein" bestehen kann. Ein solches Frage-Antwort-Spiel kann v. a. als Teil des sog. gelenkten Unterrichtsgesprächs zum Einsatz kommen. Hier lenkt die Lehrkraft häufig einen einzelnen Schüler bewusst in eine ganz bestimmte Richtung und dominiert die Lehrer-Schüler-Kommunikation. Es handelt sich somit um ein stark lehrerzentriertes Gesprächsverhalten, das sich von der natürlichen Kommunikation doch deutlich abhebt. Allerdings können solche eng geführten Fragen je nach Kontext eine sinnvolle Funktion im Unterrichtsgeschehen haben (ausführlich zu Lehrerfragen und den empirischen Befunden hierzu Dubs 2009: 121–145).

Beispiel: Neueinführung eines neuen Tempus, hier des Imperfekts, in *Salvete* (Berlin 1996), Kap. VII: „Colosseum – quid est et quid erat?" Dieses Lehrwerk geht davon aus, dass der Grammatikstoff aus den Lesetexten selbst erschlossen wird. Nach einem längeren Einführungstext in die Situation entspinnt sich ein Dialog zwischen Cordula, einem Mädchen aus der Gegenwart, und ihrer Freundin Paula:

Cordula: „Tandem ades! Iterum atque iterum te vocabamus.

Paula: „Mene saepe vocabatis?" usw.

Das folgende Unterrichtskonzept illustriert den Einsatz von **W-Fragen** zur Erschließung der Bedeutung neuer Formen, wie er sicher auch sonst häufig praktiziert wird:

Wortfragen	Erwartete Antwort (z. B.)
Welche Verbformen gebrauchen Cordula und Paula, die ihr noch nicht kennt?	*Vocabamus, vocabatis, exspectabam, intrabam* usw.
Welchen Baustein haben diese Formen gemeinsam?	Die Silbe *-ba-*
In welcher Zeit spielte sich Cordulas Rufen und Warten ab?	In der Vergangenheit

Diese Form der Grammatikerschließung ist naturgemäß kleinschrittig. Für die rein mündliche Kommunikation im Unterricht sind allerdings „W-Fragen" ein Vorteil, weil sie für eine Lerngruppe leicht verständlich und präzise sind (dazu Dubs 2009: 127).

Ähnlich engführend sind **Satz-** bzw. **Entscheidungsfragen;** sie erwarten gewöhnlich eine Entscheidung im Sinne von „Ja", „Nein" oder Antwortpartikeln, was sie pädagogisch freilich problematisch macht; doch können auch ganze Sätze, die etwas klären oder offen lassen, die Antwort darstellen:

Satzfragen	Erwartete Antwort (z. B.)
Hat Cordula nur einmal rufen müssen?	Nein.
Gibt es Wörter, die das belegen?	Ja, nämlich *saepe* und *iterum atque iterum*.

Hier wären operatorengestützte Arbeitsaufträge eine bessere Alternative, nämlich z. B. „Cordula musste mehrmals rufen – findet Wörter und Ausdrücke im Text, die das belegen".

12.2.1.2 Funktionen des unterrichtlichen Fragens

1. Abrufen von Wissen: Lehrerfragen dienen der Diagnose und Kontrolle (dazu DUBS 2009: 122). Hierbei kommen Formen des „Abfragens" zum Einsatz – meist zu Beginn des Unterrichts; es ruft fachliches Wissen im Sinne der Sachkompetenz ab, vernetzt die Informationen, gibt der Lehrkraft eine Rückmeldung, ob die Klasse oder der einzelne Schüler den vorher behandelten Stoff beherrscht – und bildet eine Grundlage für die Benotung der Schülerleistung.

Die Lehrkraft führt den Dialog hier eng, mit gezielt eingeleiteten und aufeinander aufgebauten Fragen („Fragekette"). Diese Form der Leistungskontrolle ist dann zielführend, wenn sich die betroffenen Schüler nicht durch die Form des Abfragens wie in einem Verhör eingeschüchtert fühlen.

Beispiel: Vermittlung von Kulturkompetenz in Jgst. 7: Das Ende der römischen Republik. Als Impuls ist hier eine Folie mit einem Aureus des Jahres 44 v. Chr. aufgelegt; die Fragen bzw. Impulse richten sich zunächst an die Klasse; danach wird ein einzelner Schüler gefragt:

<Fragen an die Gesamtklasse:> „Was erkennt Ihr?" – „Entziffert den Namen auf der rechten Seite!" – „Wer ist dargestellt?" – „Was verrät der Lorbeerkranz?" – „Am linken Bildrand steht PERPETV<V>S, das bedeutet ‚auf Dauer'. Versucht, das Wort links zu ergänzen, das mit DICT beginnt!"

<Wechsel zum Einzelschüler:> Fragen zum Kontext des Aureus: „Vor welchem Ereignis dürfte die Münze geprägt worden sein?" – „Wer führte das Attentat gegen Cäsar aus?" – „Was war der Grund

für den Anschlag?" – „Welche Rolle nahm Octavius in der Folge
ein?" – „Wie verlief der neue Bürgerkrieg in groben Zügen?"

Bei diesem Frage- und Antwort-Spiel fehlt freilich die Vermittlung methodischer Kompetenzen. Insofern wäre auch denkbar, dass
die Schüler neben dem Bildimpuls zusätzlich alle formulierten Fragen erhalten, z. B. per Beamer oder als Tafelanschrieb, und entweder
in Einzel- oder in Partnerarbeit bearbeiten können. Bei älteren Schülern kann auch die Lerngruppe selbst einen Fragekatalog entwickeln.

2. **Anlegen neuen Wissens** (Anfangsunterricht, gegen Ende des
Schuljahres):

Beispiel: Lehrbuch *Campus*, Ausgabe B, Kap. 43 (Auszug). Thema sind die Substantive mit Stamm auf -*u* (sog. u-Deklination).

1. Metus homines torquet.
2. Homines pleni timoris et metus sunt.
3. Adhuc vultus tristes videmus.
4. Mox vultus hominum non iam tristes erunt.
5. Nam multitudo vultuum tristium deos movebit.
6. Adhuc tristem gemitum hominum audimus: „Adeste, di magni!"

Die Neudurchnahme grammatikalischer Formen wird – wie oben
schon dargelegt – im Lateinunterricht gern als „Fragespiel" realisiert.
Ein typisches Beispiel wäre – unter Einbeziehung von Bild und Text
– folgende Lateinstunde, in der die Formen der u-Deklination induktiv durch Bild-Text-Vernetzung erschlossen wurden: Anfangs-
impuls: „Betrachtet die vier Figuren der Zeichnung!" – „Welche
Stimmung könnt ihr aus den Gesichtern herauslesen?" – „Welches
Gefühl quält die Menschen?" – „Was wird das Substantiv *metus* in E,
Satz 1 bedeuten?" Tafelanschrieb: „metus: Furcht".

Es folgt die Übersetzung von E, Satz 2. Danach: „Welcher Kasus liegt in *metus* mit dem langen *u* wohl vor?" – „Wie werden wir
also die Deklination von *metus*, Genitiv *metus*, nennen?" Überschrift
an die Tafel: „Die u-Deklination". Zwischeninformation: „Ebenso
wie *metus* wird ein anderes Substantiv dekliniert, nämlich *vultus*:
Schaut euch nochmals die vier Personen rechts an: Was könnte *vul-*

tus bedeuten?" Tafelanschrieb: „vultus: Gesicht". Übersetzung Satz 3 und 4.

Eine Alternative zu diesem effizienten, aber eher kleinschrittigen, gelenkten Unterrichtsgespräch könnte auch hier wieder ein operatorengestützter Arbeitsauftrag sein: „Beschreibt, was ihr auf dem Bild seht." Bei der anschließenden gemeinsamen Übersetzung des Textes zeigt die Lehrkraft bei neuen Vokabeln auf das Bild (*vultus, manus*) oder spielt sie nach (*gemitus* → seufzen). Anschließend bekommen die Schüler den Auftrag: „Wir lernen heute eine neue Deklination kennen, wie ihr schon am Beispiel *metus, -us* gesehen habt: Sucht die neuen Wörter, die zu dieser Deklination gehören, heraus und versucht sie in die Kasus-Tabelle einzutragen." Als advance organizer kann man eine entsprechende Deklinationstabelle zum Ausfüllen, z. B. als Tafelbild, bereithalten.

3. Reflexion und Problemlösung: Besondere Bedeutung hat das „richtige" Fragen auch bei der Interpretation von Lesestücken zur Bewusstmachung inhaltlicher Implikationen.

Beispiel: *prima A*, Kap. 26: *Der Mythos von Narziss und Echo.* Das Lesestück über Narziss und Echo stellt eine stark verkürzte und vereinfachte Fassung der Ovidischen Metamorphose dar; im Mittelpunkt steht die Annäherung zwischen beiden Figuren:

6   Tum demum Narcissus eam audit adeuntem, sed non videt.
Itaque interrogat: „Quis adest?" – „Adest!" respondet Echo.
Narcissus verbum auribus accipit et puellam verbum
9   repetentem quaerit. Sed nihil videns: „Cur", inquit, „me fugis?" – „Me fugis!" illa repetit.
Hic autem territus magna voce clamat: „Huc veni!" Et illa
12 amore ardens vocat vocantem.
Rursus Narcissus: „Te videre volo!" – Et Echo: „Volo!"
Nunc puella iuveni pulchro occurrit.

Hier können nach der Übersetzung folgende Fragen im mündlichen Unterrichtsgespräch gestellt werden: Was fragt bzw. sagt Narcissus? (*Quis adest? Cur me fugis?*) (*Te videre volo!*) – Wie antwortet Echo jeweils? (*Adest! Me fugis! Volo!*) – Was wünscht er sich? – Warum können Narcissus und Echo nicht zueinander kommen? (Weil Echo immer nur mit einem Echo antwortet, ohne auf die Fragen und Wünsche des Narcissus einzugehen) – Welche Schuld daran hatte Narcissus? (Er verbot Echo, ihn zu berühren.) – Wozu hat die Selbstverliebtheit des Narcissus geführt? (Zur Einsamkeit)

Der Nachteil eines solchen Verfahrens kann darin liegen, dass den Schülern in dieser kurzen Unterrichtsphase keine Möglichkeit zum freien Sprechen im Zusammenhang geboten wird. Insofern wäre auch hier eine methodische Alternative, die Fragen als Gesamtkomplex zur Verfügung zu stellen, z. B. auf einem gesonderten Blatt; dann können die Schüler gezielt die Fragen beantworten, deren Antwort sie wissen – ggf. aber auch mehrere Fragen im Zusammenhang. Generell sind solche anschließenden Fragen zu übersetzten Texten sinnvoll, da das Arbeitsgedächtnis vieler Lateinschüler durch die anstrengende De- und Rekodierung so in Anspruch genommen wird, dass sie den Textinhalt aus dem Blick verlieren.

12.2.1.3 Fehler bei der Fragestellung

Wenn die Fragen falsch gestellt werden, sind Lerngruppen irritiert. Die häufigsten Fehler bei Fragestellungen lassen sich einem der folgenden Typen zuordnen (vgl. auch Dubs 2009: 130–133):

Vermeidung kommunikativer Fehler

Fehlertypus	Originalton	Verbesserung
Invertierte Frage	Und dann hat Echo welche Art von Antwort gegeben?	Welche Art von Antwort gab Echo dem Narcissus?
Versteckte Frage	Echo antwortete immer nur auf eine Weise?	s. o.
Kettenfrage	Was war sonderbar an Echos Antworten? Weshalb reagierte Narcissus auf sie ablehnend?	Nach der ersten Frage pausieren und die Antwort auf diese abwarten
Verknüpfung der Frage mit nachgeschobenen Informationen	Welchen Bezug zu seiner eigenen Schönheit hatte Narcissus – wenn man die spätromantische Abbildung von Waterhouse, der dieses Problem vor ca. 100 Jahren dargestellt hat, bedenkt?	Die Sachinformation sollte vorher gegeben werden oder bekannt sein; z. B.: Der romantische Maler Waterhouse hat die Begegnung zwischen beiden vor ca. 100 Jahren gemalt. Wie malt der Künstler die Selbstverliebtheit des Jünglings?
Stocherfrage	Was könnt ihr zur Kunst des Dichters Ovid sagen?	Heilung bietet nur die präzise Vorbereitung der Fragen, am besten auf einem Konzeptblatt

Fehlertypus	Originalton	Verbesserung
Ratefrage	Wovon, glaubt ihr, wurde der Dichter Ovid zu seinen Verwandlungssagen inspiriert?	Realinformationen (Bilddokumente, Texte, Lehrervortrag) vorher liefern
Suggestivfrage (rhetorische Frage)	Konnte denn angesichts der Verschiedenheit von Narcissus und Echo überhaupt eine Liebe zwischen beiden gelingen?	Weshalb konnte sich denn zwischen beiden echte Liebe nicht entwickeln?
Zu weit gestellte Frage	Was fällt euch zu den *Metamorphosen* ein?	Andere Fragen vorbereiten oder Operatoren wählen, z. B.: „Was verstehen wir heute unter ‚Metamorphose‘?" Oder: „Erkläre den Begriff ‚Metamorphose‘!"
Zu eng gestellte Frage	Was tat Echo, nachdem Narcissus sie zurückgewiesen hatte?	Welche körperliche Folge hatte für Echo der Schmerz der Zurückweisung?
Handlungsfrage	Kannst du mir sagen, welches eigentliche Problem Narcissus hatte?	Die Einleitungsfloskel weglassen: „Erläutere, welches eigentliche Problem Narcissus hatte!"

12.2.2 Impulse – Operatoren

Im Sinne des kompetenzorientierten Unterrichts sind operatorengestützte Arbeitsaufträge und Impulse teilweise besser geeignet als die oben dargestellten punktuellen Fragetechniken, insofern sie Schüler zu neuen Ideen anregen, zu systematischem und strukturiertem Vorgehen anhalten und zu Hypothesenbildung auffordern.

Operatoren als Handlungsanweisungen

Operatoren: Die einfachsten Impulse sind die sog. Operatoren, die in den von der Kultusministerkonferenz beschlossenen „Einheitlichen Prüfungsanforderungen in der Abiturprüfung" (EPA) in der Fassung vom 10.2.2005 grundgelegt sind. Sie stellen Handlungsanweisungen dar, die in aufsteigendem Schwierigkeitsgrad in drei Anforderungsbereiche untergliedert sind. Dem Anforderungsbereich

I entsprechen Operatoren wie „Nenne …", „Ordne zu", dem Anforderungsbereich II Operatoren wie „Erkläre", „Arbeite … heraus", dem Anforderungsbereich III Operatoren wie „Bewerte" oder „Interpretiere".

Impulse: Impulse stehen gewöhnlich an Gelenkstellen der Stunde: Sie sind offener als Lehrerfragen, geben den Schülern mehr Spielräume und eignen sich gut zum Einstieg in die Stunde, zur Überleitung bzw. zum Einstieg in neue Themen oder zum Abschluss eines Lerngegenstands, auch zur Kontrolle des Erreichten. Freilich fordern sie auch mehr Zeit, dafür bieten sie dem Schüler und damit dem Unterricht mehr Freiraum. Impulse können verbal oder nonverbal erfolgen, auch – gestützt auf Bilder – als „stumme Impulse", sie reduzieren den Gesprächsanteil der Lehrerkraft. Sie funktionieren aber nur dann, wenn die Lerngruppe auch darauf eingestellt ist und weiß, wie sie darauf zu reagieren hat. Wer dieses Verfahren einsetzt, sollte es also seiner Lerngruppe zuvor einmal erklärt haben, damit die Schüler sich nicht fragen müssen, was die Lehrkraft von ihnen erwartet.

Impulsformen			
verbal	nonverbal		
	akustisch	mimisch/gestisch	optisch
Aufforderung	Räuspern	Lächeln	Bild
Ausruf	Klatschen	Blickkontakt	Grafik
Sachinformation	Schweigen	Handbewegung	Filmausschnitt
als Einstieg	Tondokument	Pose	mitgebrachtes
Zitat	Klangimpuls	„Standbild"	Objekt
Textausschnitt		Pantomime	
Aussagesatz (als			
Behauptung,			
Provokation …)			

12.2.3 Aufnahme von Schülerantworten

Lehrerecho: Oft werden die Antworten auf Lehrerfragen gleich zweimal gegeben: einmal von einem Schüler, dann vom Lehrer, der die bereits richtige Antwort des Schülers als „Lehrerecho" wiederholt. Sinnvoll ist das weit verbreitete Lehrerecho allenfalls dann, wenn wichtige (ggf. vorher unklare) Formen gesichert werden sollen, um

Missverständnisse zu vermeiden oder wenn die Äußerung eines
Schülers aufgrund von Störungen nicht für alle verständlich war. Besonders bei Aussprachefehlern kann das „Lehrerecho" eine Form der
höflichen Korrektur sein.

Verstärkung durch die Lehrkraft: Schülerantworten veranlassen
Lehrkräfte zu Reaktionen der Verstärkung, die unterschiedlich gestaltet werden können (dazu Dubs 2009: 133–145).

Beispiel: „Thales und der Forscherdrang" (Jgst. 7). Der Lehrer
zeichnet ein rechtwinkliges Dreieck mit dem „Thaleskreis" an die
Tafel. Sofort fällt auf diesen stummen Impuls das Wort „Thaleskreis".
Dann folgt die Frage: „Welche Regelmäßigkeit konnte Thales für das
Verhältnis von Halbkreis und Dreieck entdecken?" Die Antwort eines Schülers: „Alle Dreiecke, deren Grundlinie c den Durchmesser
des Kreises bildet und deren Ecke C auf dem Kreisbogen liegt, sind
rechtwinklig."

Bestätigung	Lob	Weiterführung des Dialogs
„Ja!" „Mmmh!" stumme Geste des Lobs und der Bestätigung	„Schön gesagt!" „Elegant formuliert!" „Fein!" „Perfekt!" „Genau!"	„Und wie viele Drei- ecke lassen sich da ein- zeichnen?"

Die eleganteste Form, treffende Schülerantworten aufzunehmen, besteht darin, mit der nächsten Frage oder dem nächsten Impuls fort-
zufahren, damit der Dialog rasch weitergeführt oder sogar auf die
Spitze eines noch unbekannten Problems getrieben wird, s. o.

Korrektur „falscher" Schülerantworten: Die verbale Korrek-
tur der Fehler ist ein sensibler Bereich des Unterrichtsgesprächs.
Wenn es gelingt, den Schüler dazu zu bringen, dass er selbst seinen
Fehler bemerkt und korrigiert, ist viel an Motivation gewonnen.

Der Fehler als
Didaktikum –
eine kaum ge-
nutzte Chance

Eine sinnvolle Möglichkeit wird zu selten genutzt: der **„Fehler
als Didaktikum"**: Auf eine punktuell „falsche" Antwort (z. B. im
Sprachunterricht eine falsche Form, eine falsche Wortbedeutung
usw.) setzt die Lehrkraft sofort die dazu passende korrekte Lösung,
sodass rasch eine neue richtige Verkettung entsteht und sich bei den
Schülern insgesamt nichts Falsches einprägt. Vorteil: Der antworten-
de Schüler erkennt in der Regel seinen Fehler selbst, die ganze Klasse kann den Erkenntnisprozess nachvollziehen, es bringen sich in die
Verbesserung mehr Schüler ein als zu Beginn.

Beispiel: Ein Schüler übersetzt die Form *servamur* mit „wir retten". Der Lehrer: „‚Wir retten' heißt *servamus*. Und was bedeutet dann *servamur*?" Im Idealfall bemerkt der Schüler den Unterschied und kommt von selbst auf die richtige Lösung.

12.2.4 Scaffolding zur Förderung fach- und metasprachlicher Kompetenz

Ein Grundproblem im lateinischen Sprachunterricht stellt für viele Lernende die Aneignung und richtige Verwendung der grammatikalischen Terminologie dar. Dieses Problem betrifft keineswegs nur Schüler nichtdeutscher Herkunftssprache, sondern überhaupt viele Lerner, die vor Beginn des Lateinunterrichts keine systematische Grammatikeinführung im Deutschunterricht erfahren haben.

Schon ein kleines Beispiel aus der Bestimmung lateinischer Verbformen illustriert das Problem: Das Verb *amaveramus* muss ein Schüler als „erste Person Plural Indikativ Plusquamperfekt Aktiv" bestimmen können. Für Satzanalysen benötigt er die Termini u. a. für alle Satzglieder und Wortarten. Dies erfordert neben der rein sprachlichen Kompetenz (semantische Erfassung von lexikalischer und grammatikalischer Bedeutung) ein beträchtliches terminologisches Wissen einschließlich der richtigen Aussprache dieser Begriffe. Entsprechend schleppend verläuft im Unterrichtsgespräch häufig der fachsprachliche Diskurs mit Schülern.

Um solche metasprachlichen Kompetenzen und auch die Fertigkeiten in der Verwendung von Fachsprache allgemein zu fördern, hat JOSEF LEISEN ein einfaches und ohne Aufwand praktikables Konzept entwickelt, das auf dem Prinzip des „scaffolding" (Vorgeben eines „Gerüsts") fußt (ausführlich LEISEN 2013: 260–284). Zunächst müssen die im Unterricht verwendeten Kategorien und Termini anhand konkreter Beispiele eingeführt werden. Wenn die Lerngruppe die Kategorien als solche nicht kennt, sollten sie möglichst anhand des Deutschen oder bei Schülern nichtdeutscher Herkunft im Idealfall in deren Muttersprache eingeführt werden – z. B. die Kategorie und der Terminus „Person": *ich* geh-*e*, *du* geh-*st*, *er* geh-*t* usw.

Wenn die notwendigen Termini als solche eingeführt sind, können sie für die praktische Anwendung folgendermaßen eingeübt werden. Für eine Satzanalyse werden z. B. die dafür nötigen Bezeichnungen – möglichst mit Artikel für das Genus – an die Tafel geschrieben und ggf. von der Lehrkraft vorgelesen und von der Lerngruppe im Chor nachgesprochen. Noch günstiger ist es, wenn ein grafisches Modell für die Satzglieder (1.4), wenn die Wortarten und die wichtigen morphologischen und syntaktischen Termini bereits als Plakat (von der Lehrkraft erstellt und im Laufe des Jahres sukzessive erweitert) auf einer Seitenwand hängen. Anschließend erhalten die Schüler den Auftrag, beispielsweise einen Satz zu analysieren und dabei möglichst viele der an der Tafel bzw. auf dem Plakat stehenden Termini zu verwenden (z.B.: das Subjekt, das Prädikat, das Objekt, ... die Person, der Indikativ, das Aktiv ...). Dies lässt sich unter Umständen sogar als Wettbewerb gestalten, damit die Schüler zu einem möglichst flüssigen Sprechen motiviert werden.

Die Termini an Tafel bzw. Wandplakat dienen hier als „Gerüst", an dem sich die Schüler festhalten können. Auf diese Weise wird einerseits ihr Arbeitsgedächtnis entlastet, andererseits üben sie die richtige Aussprache und Verwendung der Fachsprache. Zudem haben sie die Möglichkeit, selbständig im Zusammenhang zu sprechen, ohne durch ein eng geführtes Frage-Antwort-Spiel gehemmt zu werden.

Literatur

BITTNER, STEFAN: Das Unterrichtsgespräch, Bad Heilbrunn 2006.

DUBS, ROLF: Lehrerverhalten. Ein Beitrag zur Interaktion von Lehrenden und Lernenden im Unterricht, Stuttgart 2009.

HATTIE, JOHN A. C.: Visible learning: A synthesis of 800+ meta-analyses on achievement, London 2009; die deutsche, von WOLFGANG BEYWL und KLAUS ZIERER übersetzte und überarbeitete (aktualisierte) Ausgabe erschien 2013 unter dem Titel "Lernen sichtbar machen".

LEISEN, JOSEF: Handbuch Sprachförderung im Fach. Sprachsensibler Fachunterricht in der Praxis: Praxismaterialien, Stuttgart 2013.

MÜCKEL, WENKE: Wer fragt, führt das Gespräch, in: Deutschunterricht 64 (2011), 4–11.

WAGNER, ROLAND: Mündliche Kommunikation in der Schule, Paderborn/ München/Wien/Zürich 2006;
www.studienseminar-koblenz.de/pflichtmodul 10

WOLFSTEINER, BEATE/PFAFFEL, WILHELM u.a.: Gesprächsführung im Unterricht. Theorie und Praxis. Materialien des Studienseminars am Albertus-Magnus-Gymnasium Regensburg, Regensburg 2011.

Studienbücher Latein
Praxis des altsprachlichen Unterrichts

Herausgegeben von Stefan Kipf, Peter Kuhlmann und Markus Schauer

Die Reihe **Studienbücher Latein** schlägt eine Brücke zwischen didaktischer Theorie, Methodik und Unterrichtspraxis in den Alten Sprachen. Die themengebundenen Bände führen in Schlüsselfragen der Didaktik des Latein- und Griechischunterrichts ein. Sie richten sich sowohl an Studierende als auch an Referendare und erfahrene Lehrkräfte.

Lateinische Literaturdidaktik
172 Seiten, ISBN 978-3-7661-**8001**-8, € 23,–

English meets Latin
Unterricht entwickeln – Schulfremdsprachen vernetzen
212 Seiten, ISBN 978-3-7661-**8002**-5, € 23,–

Integration durch Sprache
Schüler nichtdeutscher Herkunft lernen Latein
148 Seiten, ISBN 978-3-7661-**8004**-9, € 22,–

Lateinische Grammatik unterrichten
Didaktik des lateinischen Grammatikunterrichts
184 Seiten, ISBN 978-3-7661-**8005**-6, € 23,–

Perspektiven für den Lateinunterricht
55 Seiten, ISBN 978-3-7661-**8007**-0,
€ 13,–

C.C.Buchner Verlag GmbH & Co. KG
Laubanger 8, 96052 Bamberg
Telefon: +49 951 16098-200 | Telefax: +49 951 16098-270
E-Mail: service@ccbuchner.de | Web: www.ccbuchner.de